Monika und Erhard Hirmer

Minikrimis

5./6. Jahrgangsstufe

DETEKTIVE

sind

Benni, Lu und Du

ISBN 3-89291-**356**-0

Inhaltsverzeichnis

Inhaltsverzeichnis

Seite

VORWORT

Liebe Kollegin, lieber Kollege,

sicher bemerkten auch Sie bei der Lektüre von Texten aus Lesebüchern, wie schnell Ihre Kinder diese Bücher anschließend verschwinden lassen. Sie bieten zwar Gehalt, aber zumeist wenig Spannung.
Gönnen Sie doch Ihren Kindern gelegentlich, sinnvoll verteilt über das Schuljahr, Texte, deren Art alleine schon jeden motiviert: **KRIMIS !**

Die vorliegenden Minikrimis verfassten wir unter folgenden Gesichtspunkten:

* Jede Geschichte hat ein offenes Ende. Das bietet die Gelegenheit, Handlungen in verschiedene Richtungen fortzuführen. Kinder wollen kriminalistisch tätig werden, kombinieren, vergleichen.....und den Täter finden. Der wird auch auf dem jeweiligen Arbeitsblatt nicht verraten - er soll durch Textarbeit, durch Bildervergleich usw. ermittelt werden.

* Wir verzichteten auf Geschichten über Mord und Totschlag, auf die Darstellung körperlicher Gewaltanwendung, auf Sexualdelikte u.ä. Die Gründe hierfür sind bekannt. Spannung kann man auch ohne Morde erzeugen !

* Jeder Fall wird von den selben Identifikationsfiguren erlebt, bearbeitet und gelöst. Das schafft Klarheit, Vertrautheit und kann bei sensiblen Lesern eventuell auftretenden Ängsten beruhigen.

Spaß, Spannung und Erfolg wünscht der Verlag Puchheim

INHALT

10 Minikrimis mit Aufgabenblättern zum Lösen der Fälle

MINIKRIMI

Verbrechen am ersten Schultag

Wieder einmal war es soweit: Die Sommerferien waren zu Ende ! Viel zu schnell waren sie vorbeigegangen. Das fand jedenfalls Lu - die mit vollem Namen **Luise** heißt. Da sie diesen Namen aber alles andere als schön findet, fragt sie sich heute noch, wer von ihren Eltern wohl in einem " Anfall geistiger Umnachtung" auf diesen Namen gekommen war !

Noch einmal durchatmen - und dann ran an den Feind, dachte sie, als sie vor der Türe des neuen Klassenzimmers stand. **Hauptschule, Klasse 6c** stand auf dem Schild rechts von der Türe. Lautes Geschwätze drang heraus: Klar, jeder hatte viel zu erzählen nach den Ferien Lu blickte sich in dem Wirrwarr um. Ah, ja, ihre Freundin, Susanne, war schon da ! Die hatte sich in der vorletzten Bank - wie schon im vergangenen Schuljahr - niedergelassen und winkte von dort Lu zu: " Hallo, Lu, komm her, setz dich neben mich ! " Für Lu war das selbstverständlich, und so setzte sie sich neben Susanne. Hinter ihnen saßen schon Manfred und Bennie. Lu begrüßte die beiden mit " Hi ! " Bennie ist ein Junge, der ganz in der Nähe von Lu, in einer Parallelstraße, wohnt. Mit dem hatte Lu schon im Sandkasten gespielt. Ihr Lieblingsspiel war aber " Räuber und Gendarm", und das musste wohl irgend eine kriminalistische Ader in den beiden geweckt haben, denn wo auch immer irgend etwas nicht ganz astrein war und es galt, jemanden einer unsauberen Tat zu überführen - Bennie und Lu schafften das ! Daher wurden sie von ihren Mitschülern und von manchen Lehrern nur noch

"DIE ZWEI DETEKTIVE " genannt.

Die erste Unterrichtsstunde verging sehr schnell. Viel gelernt wurde am ersten Tag noch nicht; die Hauptarbeit in dieser 1. Stunde bestand darin, Schulbücher zu verteilen und benötigte Unterrichtsmaterialien zu notieren. Deshalb hatten auch heute einige der Schüler mehr Geld als üblich mitgenommen, um auf dem Nachhauseweg gleich die Schulsachen einzukaufen.

Lu musste laut lachen, als sie rechts von sich Kathi ganz demonstrativ einen schönen, rotbackigen Apfel auf den Tisch legen sah. Dabei war noch keine Pause !

Denn jetzt, in der 2. Stunde, wollte Herr Kurz, der Klassenlehrer, mit seinen Schülern den neu gestalteten Physikraum besichtigen !
Als sie dann aber vor verschlossener Türe standen, schickte Herr Kurz den Herbert, der mit seinen 1, 70 m der schnellste Läufer war, in den Klassenraum der 6c zurück, um vom Pult den Schlüssel zu holen. In diesem Moment ging ein Raunen durch die Runde: " Herr Kurz, Monika hat Nasenbluten ! " Tatsächlich war ein Riesenfleck Blut auf Monikas T-Shirt zu sehen. Herr Kurz schickte Monika mit ihrer Freundin, Sabine, in den Waschraum. " Ich muss mal ! " rief Jürgen, ein verschmitzt lächelnder Junge mit roten Haaren und Sommersprossen, gerade, als Herr Kurz den Schlüssel in Empfang nahm. " Beeil dich ! " meinte der Lehrer nur und führte dann die Schüler in den Physikraum.
Nachdem sie von der Besichtigung ins Klassenzimmer zurückgekehrt waren, kramschte Kathi in ihrer Schultasche, um Geld für ein Getränk in der Pause zurechtzulegen. Lu fiel auf, dass Kathi ziemlich nervös in der Tasche, unter dem Tisch und auf dem Boden herumsuchte. " Verdammt, meine Geldbörse ! " rief Kathi plötzlich schrill und laut. " Sie ist weg ! Da waren doch fünfzig Mark drinnen !"
Herr Kurz reagierte schnell: "Alles bleibt auf den Plätzen ! " Und zu Lu: " Lu, hilf bitte der Kathi beim Suchen ! " " Na klar, " erwiderte Lu souverän, " ich bin sowieso schon bei meinen Ermittlungen ! " Die Schüler und Herr Kurz mussten trotz der gespannten Atmosphäre im Klassenzimmer lachen. " Mir ist nämlich aufgefallen, " fuhr Lu unbeirrt und geheimnisvoll fort, " dass hier etwas nicht stimmt ! " Darauf huschte Lu zu Herrn Kurz und fragte ihn leise, ob sie, zusammen mit Bennie, die vier Mitschüler, die während des Wartens vor dem Physikraum die Runde verlassen hatten, verhören dürfe. Herr Kurz überlegte kurz und gab dann seine Zustimmung: " Versuchen könnt ihr ´s ja, ihr zwei Detektive ! Aber nach der Pause muss ich den Vorfall dem Rektor melden ! "
Und laut zur Klasse: " Herbert, Monika, Sabine und Jürgen ! Ihr kommt zu mir ! Alle anderen gehen jetzt in die Pause raus ! "
Die Pause war noch nicht zu Ende, da hatten Lu und Bennie den Fall gelöst und sie wussten, wer die Geldbörse gestohlen hatte.

Kennst auch du den Täter ?

DETEKTIVE, AN DIE ARBEIT !

1. Hier kannst du den Fall lösen !

a) Du siehst Kathis Platz im Klassenzimmer. Was fällt dir auf ?

b) Diese Kinder wurden in der Pause verhört. Wie heißen sie ?
Hilfe findest du im Minikrimi !

c) Jetzt musst auch du wissen, wer der Täter ist: ______________________

d) Zusatzfragen:

* Wie heißt der Klassenlehrer ? ______________________________

* In welche Klasse sind die Kinder gekommen ? ____________________

* Du kennst das französische Wort für Geldbörse. Wir verwenden es auch im Deutschen. Es heißt__________________________

Eine Detektivhilfe: Das Hauptindiz für den Diebstahlsfall !
Setze zu jedem dieser Namenwörter einen Buchstaben so hinzu, dass jeweils ein neues Namenwort entsteht. Die hinzugesetzten Buchstaben ergeben der Reihe nach gelesen das entscheidende Indiz !

MUS - LATZ - LIEGE - MONTUR - GABE

LÖSUNGEN

1. Hier kannst du den Fall lösen !

a) Du siehst Kathis Platz im Klassenzimmer. Was fällt dir auf ?

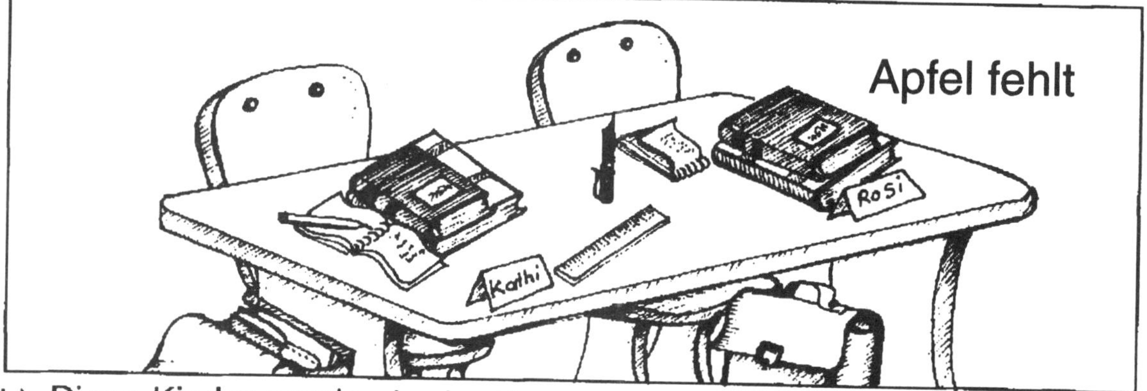

b) Diese Kinder wurden in der Pause verhört. Wie heißen sie ?
Hilfe findest du im Minikrimi !

c) Jetzt musst auch du wissen, wer der Täter ist: Jürgen

d) Zusatzfragen:

* Wie heißt der Klassenlehrer ? Herr Kurz
* In welche Klasse sind die Kinder gekommen ? 6c
* Du kennst das französische Wort für Geldbörse. Wir verwenden es auch im Deutschen. Es heißt Portemonnaie

Eine Detektivhilfe: Das Hauptindiz für den Diebstahlsfall !
Setze zu jedem dieser Namenwörter einen Buchstaben so hinzu, dass jeweils ein neues Namenwort entsteht. Die hinzugesetzten Buchstaben ergeben der Reihe nach gelesen das entscheidende Indiz !

MAUS - **P**LATZ - **F**LIEGE - MONT**E**UR - GABE**L**

APFEL

MINIKRIMI

Nur eine Kleinigkeit !

Als Lu und Bennie an jenem Dienstagmorgen an ihrer Schule ankamen, merkten sie sofort, dass etwas nicht stimmte. Zwei Polizeifahrzeuge mit blinkenden Blaulichtern parkten vor dem Haupteingang. Schon von weitem erkannten unsere beiden Detektive den aufgeregt umherlaufenden Rektor, der sich mal mit einem Polizeibeamten unterhielt, mal wieder zu einem der Fenster eilte und etwas zu betrachten schien. Eine Unzahl von Kindern stand in Grüppchen beisammen, viele Erwachsene beobachteten das Geschehen vom Gehsteig und von den Fenstern der umliegenden Häuser aus. Schon hatte Susanne, Lus beste Freundin, die beiden entdeckt und lief wild gestikulierend auf sie zu: "Hey, ihr zwei ! Wisst ihr schon, was passiert ist ? In die Schule wurde eingebrochen ! Da, da drüben, durch das Fenster ! Irgend etwas wurde geklaut...." Bennie unterbrach den Redeschwall der Susanne: " Halt, langsam ! Am frühen Morgen kann ich nicht so schnell denken ! " Lu sagte nur : "Kommt mit ! " Sie packte Bennie und Susanne an den Handgelenken und zog sie mit in die Richtung zum Haupteingang. Ein Polizeibeamter versperrte ihnen den Weg: " Zurückbleiben, bitte ! Da darf noch keiner ´rein ! "

Der Rektor mischte sich ein und sprach zum Polizisten: " Herr Peyerl, das sind Lu und Bennie, unsere Oberdetektive. Die dürfen sich die Sauerei schon mal anschauen ! " Wortlos trat der Polizist zur Seite und ließ Bennie, Lu und auch Susanne die Haupteingangstüre öffnen. Gleich aus dem ersten Klassenzimmer, links, - Raum der Klasse 9b - kamen viele aufgeregte Stimmen - die drei Spürnasen schritten darauf zu und blieben an der offenen Zimmertüre stehen. Drinnen unterhielten sich Polizeibeamte mit der heulenden Klassenlehrerin, Frau Schrall; ein anderer, Kommissar Schmid, den Lu recht gut kannte, sprach mit einem Schüler der 9. Klasse. Lu, Bennie und Susanne kannten den Burschen : Es war Benno Haudrauf, der schulbekannte Schläger. Warum der wohl so deutlich und auffallend zitterte ? Lag es daran, dass er nur mit T-Shirt und kurzer Hose bekleidet im kühlen Klassenzimmer stand ? Drei Polizisten untersuchten ein Fenster, dessen Scheibe eingeschlagen war. Jetzt hatte Frau Schrall die drei Detektive in der Türe entdeckt. " Kommt her, " rief sie weinerlich, " hört euch das an ! Das ganze Geld ist weg ! Über 15 000 Mark! Das gesamte Geld für unsere Londonfahrt ! "

" Ich sagte Ihnen bereits, " mischte der Polizist sich ein, " dass Heulen jetzt auch nicht mehr hilft. Es war leichtsinnig von Ihnen, so viel Geld im Klassenzimmer aufzubewahren; aber jetzt ist´s schon passiert und wir müssen den Täter fangen ! " Während Bennie und Susanne weiter der Klassenlehrerin zuhörten, näherte sich Lu dem Kriminalbeamten, Kommissar Schmid, der gerade den Schüler Haudrauf verhörte. " Nein, nein, nein, wie oft soll ich ´s denn noch sagen ? " rief der mit schriller Stimme, " ich war es nicht ! " Wohl schon öfter hatte der Kommissar gefragt: " Wo warst du gestern ab 21 Uhr ? " Denn Haudrauf schrie: " Und wenn Sie mich noch Millionen Mal fragen, ich kann nichts anderes antworten: Von 20 Uhr bis gegen 22 Uhr war ich mit meinen drei Freunden unterwegs. Die können alles bestätigen ! " Ganz frech mischte sich jetzt Lu ein. Sie wandte sich an den Kommissar: " Wie kommen Sie auf ihn ? " Dabei zeigte sie mit einer Kopfbewegung auf Haudrauf. Kommissar Schmid überlegte ein bisschen und sprach dann Lu an: " Eine Zeugin erkannte ihn vom Fenster des Nachbarhauses aus. " Jetzt wandte er sich wieder an Haudrauf: " Ich verrate dir etwas: Sie hat dich an deiner Jacke erkannt ! " Bevor irgend jemand etwas darauf sagen konnte, rief ein Polizist von der Türe her: " Der Zeuge kommt !" Ein weiterer Schüler der 9. Klasse, Willi Socke, schritt langsam auf Benno Haudrauf zu. Der Kommissar begann: " So, du bist also der Zeuge, der bestätigen kann, mit Benno und einigen anderen die gestrige Nacht verbracht zu haben ? " Bevor Willi Socke antworten konnte, rief Haudrauf höhnisch: " Stell dir vor, die meinen, sie hätten einen Zeugen, der mich beim Einbrechen in diesen Kasten hier - er blickte um sich - erkannt zu haben. An meiner roten Jacke ! So ein Blödsinn, hä, hä, hä ! " Willi Socke fragte den Kommissar: " Wann soll das gewesen sein ? " Und als ihm weder der Polizist noch Lu antworteten, sprach er wichtigtuerisch: " Gestern war Montag. Warten Sie...., ja, gestern gegen acht Uhr holte ich Benno ab. Dann trafen wir an der Disco noch Marc und Alec. Wir lagen eine ganze Weile vor der Disco und soffen. Etwa gegen zehn rollten wir zu Benno. Wir kamen alle mit zu Benno, weil er uns noch sein....." Hier unterbrach Benno: "Halt die Klappe ! Das geht die doch nichts an ! " Der Kommissar meinte in Richtung Willi: "Die anderen zwei, Marc und Alec, können deine Aussage wohl bestätigen ? ! "
" Klar doch, " rief Willi, " genau so war ´s ! "
Kommissar Schmid zuckte mit den Achseln und blickte Lu an. Die dachte angestrengt nach. Irgend etwas gefiel ihr nicht an all den Aussagen. Gerade wollte sie Bennie zu sich rufen, da kam schon wieder ein Polizist ins Zimmer. Diesmal hatte er eine ältere Frau bei sich. " Das ist Frau Moll, " rief er, " die Augenzeugin ! " " Kommen Sie her, Frau Moll ", lud Kommissar Schmid die Zeugin ein. " Schauen Sie mal, Frau Moll, steht hier einer der Täter ? " Dabei deutete der Kommissar auf die beiden Jugendlichen. Frau Moll betrachtete die beiden lange und meinte dann: " Das weiß ich nicht ! Herr Kommissar, ich sagte Ihnen doch vorhin schon, dass ich das Gesicht des Einbrechers nicht erkannt habe. Ich meine aber, dass es dieser Haudrauf war, weil ich seine rote Jacke genau gesehen habe ! " Alle im Zimmer erschraken, als Lu plötzlich ein lautes "Ah" rief: " Jetzt weiß ich es ! Jetzt weiß ich, wer der Einbrecher war ! Und wodurch er sich verraten hat !"

Weißt du es auch ?

DETEKTIVE, AN DIE ARBEIT !

Wir lösen den Fall !

1) Was fragte Kommissar Schmid den Benno Haudrauf wohl schon Millionen von Malen ?

2) Kommissar Schmid verriet Benno Haudrauf noch im Klassenzimmer ein " Geheimnis ". Welches ? Bitte wortwörtlich zitieren !

3) Dieses "Geheimnis" erzählte Benno seinem Freund, Willi. Mit welchen Worten ?

4) An welcher Stelle des Textes und inwiefern hat sich Benno selbst verraten ?

Wir klären weiter!

Was könnte an jenem Montagabend passiert sein ?
Benno war doch angeblich mit seinen drei Freunden bis 22 Uhr an der Disco !
Und gegen 21 Uhr war der Einbruch.
Erzähle das Einbruchsgeschehen aus der Sicht von Willi Socke !

LÖSUNGEN

Wir lösen den Fall !

1) Was fragte Kommissar Schmid den Benno Haudrauf wohl schon Millionen von Malen ?

Wo warst du gestern ab 21 Uhr ?

2) Kommissar Schmid verriet Benno Haudrauf noch im Klassenzimmer ein " Geheimnis ". Welches ? Bitte wortwörtlich zitieren !

Sie hat dich an deiner Jacke erkannt.

3) Dieses "Geheimnis" erzählte Benno seinem Freund, Willi. Mit welchen Worten ?

....An meiner roten Jacke.

4) An welcher Stelle des Textes und inwiefern hat sich Benno selbst verraten ?

Zeugin bestätigt rot

s.3. Kommissar verwendete nicht das Wort rot -

Wir klären weiter!

Was könnte an jenem Montagabend passiert sein ?
Benno war doch angeblich mit seinen drei Freunden bis 22 Uhr an der Disco !
Und gegen 21 Uhr war der Einbruch.
Erzähle das Einbruchsgeschehen aus der Sicht von Willi Socke !

Schüler - Beiträge

MINIKRIMI

Es geschah um zwölf Uhr mittags

Lu und Bennie, die zwei Superdetektive, schoben ihre Fahrräder auf den Hof und lehnten sie gegen die Garagenmauer. " Was machen wir heute ? " fragte Bennie dabei. " Weiß nicht, " antwortete Lu, " vielleicht weiß Susi ´was ." Wie schon so oft trafen auch heute Vormittag wieder die drei Freunde bei Susanne zusammen, um die langweiligen Wochenendtage gemeinsam zu verbringen. Und so langweilten sie sich zusammen in Susannes Zimmer, Bennie mit Cassettenhören, die beiden Mädchen mit Ausschneiden von Starfotos aus diversen Zeitschriften und dem Bekleben der Zimmerwände mit den Bildern ihrer Lieblinge. Es war wirklich nichts los an diesem Vormittag. Susis Mama verköstigte die drei zwischendurch mit Getränken und Keksen. Irgendwann hörten sie von Susis Zimmer aus, wie die Mutter an der Haustüre aufdringliche Vertreter abwimmelte. Etwa gegen 11 Uhr schaute Bennie einmal zufällig aus dem Fenster. Da sah er Peter, den Nachbarsjungen, auf Susis Grundstück herumgehen. Bennie fragte Susi: " Hey, was will der bei euch ? " Susi kam wortlos zum Fenster, öffnete es und rief hinaus: " Was willst du hier ? " Peter erschrak und stotterte: " Ah....., mein Ball ist zu euch rübergeflogen. Ich such ihn grad, ah...." Und Susi darauf böse: " Und dann haust du wieder ab ! "Sie schloss das Fenster und murmelte: " Der soll bloß verschwinden hier ! " Die zwei Freunde wussten, warum Susi so reagiert hatte: Peter war ein unangenehmer Typ, streit - und rauflustig, unverschämt und - einfach böse.

So verging der Vormittag der drei mit Belanglosigkeiten. Kurz vor zwölf Uhr meinte Lu: " Hört, am Nachmittag fahren wir zum Schwimmen. Was meint ihr ? " Die zwei anderen stimmten begeistert zu. " Genau, " meinte Bennie, " tun wir ´was - sonst werden wir noch trübsinnig vor Langeweile ! " Lu und Bennie verabschiedeten sich von Susi und von Susis Mutter und liefen auf den Hof. Lu merkte es zuerst: " He ! Dein Rad ist weg ! " Es dauerte eine Weile, bis Bennie kapiert hatte. Lus Fahrrad lehnte noch an der Garagenmauer, doch Bennies Rad war verschwunden. Bennie fluchte laut, kratzte sich am Kopf und lief dann zu Susis Haustüre zurück. Er läutete Sturm. Während Lu den Tatort genau untersuchte, informierte Bennie Susi und deren Mutter. Bald standen alle um Lus Fahrrad herum und konnten sich nicht erklären, wo das Rad geblieben war. Bennie fiel es plötzlich ein: " Peter war doch vor einer Stunde hier ! Genau, Peter hat mein Rad geklaut ! " Und schon lief er auf das Nachbarhaus los - die anderen hinterher. Peters Mutter öffnete auf Bennies Läuten.

Schnell hatte Bennie Peters Mutter seinen Verdacht mitgeteilt.
" Na, der kann was erleben ! " brummelte die Mutter und rief ihren Sohn. Der kam grinsend dahergeschlendert und blaffte: " Na, wer ist das denn ? Ein seltener Besuch. Was wollt ihr hier ? " Bevor jemand etwas darauf antworten konnte, hatte ihn seine Mutter bereits am Kragen gepackt und meinte mit ganz ernster Stimme: " Peter, du warst um 11 Uhr auf Susis Hof. Was wolltest du da ? " Peter grinste immer noch, als er - ohne zu überlegen - antwortete:
" Das wissen die doch ! Ich holte meinen Ball. Darf ich das nicht ? "
" Und dabei hast du mein Rad mitgehen lassen ! " rief Bennie zornig. " Dein Rad ? Das ist nicht wahr ! " verteidigte sich Peter, wieder ohne lange nachzudenken. Susanne mischte sich ein: " Wer sollte es sonst gewesen sein ? Dir traue ich alles zu ! " Lu meinte, etwas sachlicher: " Du warst doch der einzige Fremde auf Susis Hof heute Vormittag, oder ? " Peter grinste jetzt nicht mehr so unverschämt. Er überlegte. Dann sprudelte es wieder aus ihm heraus: " Nein, nein, jeder kann doch auf euren Hof kommen. Das habt ihr nur nicht bemerkt ! Und jetzt fällt mir etwas ein...." Peters Mutter unterbrach: " Da waren doch zwei Vertreter da ! Teppiche wollten sie verkaufen. Die haben doch sicher bei euch auch geläutet !? " Susis Mutter nickte. Dann aber fiel ihr etwas ein: " Ja, das stimmt schon. Aber die zwei haben unseren Hof bestimmt verlassen. Ich wartete nämlich an der Haustüre, bis die Männer weg waren ! " Jetzt fiel Peter triumphierend ein: " Und dann sind sie wieder zurückgekommen. Ich wollte euch ja gerade erzählen, was ich beobachtet habe. Kurz vor 12 Uhr schaute ich aus unserem Küchenfenster. Und da sah ich die zwei Männer auf eurem Hof. " Peters Mutter widersprach: " Aber du kannst doch von unserem Küchenfenster aus diesen Hof gar nicht sehen ! " Peter darauf: " Aber die langen Schatten der beiden habe ich gesehen, wie sie das Fahrrad wegrollten. " Keiner konnte darauf etwas erwidern. Klar, so konnte es gewesen sein. Peter hatte sich durch diese Beobachtung selbst entlastet. " Darf ich trotzdem bei Ihnen nach meinem Rad suchen ? " fragte Bennie traurig. Peters Mutter wollte gerade zustimmen, da fiel ihr Peter ins Wort: " Nein ! Dein blödes Rad ist nicht hier, also verschwindet endlich. Sucht doch die zwei Vertreter ! "
" Halt, wartet mal ! " rief plötzlich eine ganz nachdenkliche Lu. " Ich weiß nicht, wo Bennies Fahrrad steht, aber ich weiß, dass Peter nicht die Wahrheit sagt. " Alle schwiegen und warteten gespannt auf das, was Lu ihnen sicher gleich erklären wollte.

Wie merkte Lu, dass Peter log ?

DETEKTIVE, AN DIE ARBEIT !

Wir überführen Peter

1) Was war wann los ? Was erfahren wir aus der Geschichte ?

vor 11 Uhr: ____

____

um 11 Uhr: ____

kurz vor 12 Uhr: ____

____

2) Vom Küchenfenster aus

Peter behauptete, er habe kurz vor 12 Uhr aus seinem Küchenfenster geschaut. Zeichne einen Lageplan aus Peters Sicht: Zeichne also Susis Haus, die Garage, die Straße.... Beachte beim Zeichnen den Hinweis der Mutter, dass man vom Küchenfenster aus Susis Hof gar nicht sehen kann ! Zeichne den Stand der Sonne ein und die **Beobachtungen** Peters (Vertreter, Bäume, Sträucher, Schatten, Indianer....????)

3) Die Lösung

Wenn du alles ganz richtig eingezeichnet hast, erkennst du einen Widerspruch.
Den hat Lu bemerkt und daher wusste sie, dass Peter log.
Bennies Fahrrad tauchte übrigens noch am selben Tag wieder auf: Die Freunde fanden es in Peters Garten, unter Sträuchern versteckt !

LÖSUNGEN

Wir überführen Peter

1) Was war wann los ? Was erfahren wir aus der Geschichte ?

vor 11 Uhr: Vertreter an Haustüre

um 11 Uhr: Peter auf Susis Hof

kurz vor 12 Uhr: Verabredung, Verabschiedung, Rad weg

2) Vom Küchenfenster aus

Peter behauptete, er habe kurz vor 12 Uhr aus seinem Küchenfenster geschaut. Zeichne einen Lageplan aus Peters Sicht: Zeichne also Susis Haus, die Garage, die Straße.... Beachte beim Zeichnen den Hinweis der Mutter, dass man vom Küchenfenster aus Susis Hof gar nicht sehen kann ! Zeichne den Stand der Sonne ein und die **Beobachtungen** Peters (Vertreter, Bäume, Sträucher, Schatten, Indianer....????)

Schülerzeichnung

Widerspruch:
Die Sonne stand so, dass die
Vertreter keine Schatten werfen konnten.

3) Die Lösung

Wenn du alles ganz richtig eingezeichnet hast, erkennst du einen Widerspruch.
Den hat Lu bemerkt und daher wusste sie, dass Peter log.
Bennies Fahrrad tauchte übrigens noch am selben Tag wieder auf: Die Freunde fanden es in Peters Garten, unter Sträuchern versteckt !

MINIKRIMI

Auf frischer Tat ertappt !

" Wenn du ein tolles Foto für die Schülerzeitung haben willst, komm heute um 19 Uhr in die Bergstraße zu SPORT MAYR. Lass dich aber nicht sehen ! " Bennie wollte noch fragen, was das soll und wer denn da anruft, doch der unbekannte Anrufer hatte schon aufgelegt. " So ein Spinner ! " dachte Bennie laut, aber neugierig war er schon geworden ! Vor allem auch, weil er einen guten Stoff für die Schülerzeitung gebrauchen konnte. Seit der 5. Klasse war er Redakteur und immer auf der Jagd nach einer spannenden Story. Das wussten natürlich auch seine Mitschüler, und vielleicht hat sich da einer einen Streich einfallen lassen ? Na, das würde sich ja bald herausstellen.

Um genau 18.30 Uhr hatte sich Bennie auf der gegenüberliegenden Seite des Sportgeschäftes in der Bergstraße hinter einer Hecke postiert - bewaffnet mit Fotoapparat und Notizblock für alle Fälle. Bisher war niemand zu sehen, nur ein Fahrrad lehnte einsam und verlassen an der Mauer des Sportgeschäftes. Nur einmal lugte Bennie vorsichtig aus seiner Hecke hervor, doch er sah es augenblicklich: Ein schwaches Glitzern am Boden vor dem Sportladen. " Glasscherben ! " durchzuckte es ihn. Er legte sofort seinen Fotoapparat an und schoss von der Hecke aus zwei Bilder vom Geschäft. Plötzlich hörte er jemanden in Richtung Musikschule laufen. Es war aber zu dunkel, um etwas erkennen zu können. " Verdammte Funzeln ! " schimpfte Bennie leise über die dürftige Straßenbeleuchtung. Wieder hörte er Schritte. Sie kamen vom Hauptplatz

und wurden immer lauter. Eine dunkle Gestalt erschien vor dem Schaufenster des Sportgeschäftes. Die Kirchenuhr schlug sieben Mal, als ein Polizeiauto mit quietschenden Reifen vor dem Laden hielt und zwei Beamte ausstiegen.

" Halt, stehen bleiben ! " rief einer von ihnen zum Schatten hin. Die Gestalt stotterte verdattert: " Ich war das nicht, ich doch nicht.....! " Bennie wollte eben

über die Straße laufen, um ein paar gute Schnappschüsse zu erhalten, als ihn eine ihm bekannte weibliche Stimme bremsen ließ. " Hi, Klaus ! ", rief sie der Gestalt vor dem Schaufenster zu, " was ist denn passiert ? " Etwas verwirrt brummelte Bennie vor sich hin: " Lu ! Was tut die denn hier ? " Und er überquerte jetzt die Straße und bahnte sich einen Weg durch die Schaulustigen, die sich mittlerweile um den Tatort versammelt hatten. Deutlich sah Bennie jetzt die Szene vor sich: Lu stand vor einem zitternden Klaus, der von den Polizisten festgehalten wurde. " Ich bin unschuldig, ich war es nicht ! " beteuerte Klaus nocheinmal. " Das wird sich herausstellen ! " grantelte einer der Polizisten. " Ihr kommt jetzt beide mit auf die Wache ! " Lu ärgerlich: " Aber ich komme gerade von meiner Gitarrenstunde. Ich weiß überhaupt nicht, um was es geht ! Walter kann das bestätigen. Ich bin an Walter vor zehn Minuten da hinten mit meinem Rad vorbeigefahren, als er aus der Telefonzelle kam ! "
" Habe ich da eben meinen Namen gehört ? " Walter war hinzugekommen und grinste Klaus an: " Hat wohl einer einen Bruch gemacht und wurde auf frischer Tat ertappt ! " Walter und Klaus mochten sich noch nie leiden, und das zeigte Walter jetzt deutlich. " Ich war es nicht ", meinte Klaus weinerlich. " Am Nachmittag erhielt ich einen Anruf. Jemand meinte, ich soll mir um 19 Uhr hier, an diesem Geschäft, meine Geldbörse abholen, die seit gestern verschwunden ist. " Hämisch fragte Walter: " Na, und wo ist denn deine Geldbörse ? " Klaus zuckte nur mit den Achseln. Nun mischte Lu sich ein: " Hier, im Schaufenster, liegt eine Geldbörse - und ein paar Bluttropfen ! " Während alle zum Schaufenster starrten, fragte Lu Walter: " Was machst ***du*** eigentlich hier um diese Zeit ? Mit wem hast du vorhin telefoniert ? " Walter spielte den Überlegenen: " Das geht dich nichts an ! Der Fall ist klar: Klaus hat den Bruch gemacht und dabei seine Geldbörse verloren. Jetzt ist er zurückgekommen, um das Beweisstück schnell verschwinden zu lassen. " Ein Polizeibeamter meinte: " Klingt einleuchtend, aber trotzdem möchte ich, dass du die Fragen des Mädchens beantwortest ! " Walter grinste wieder Klaus an: " Ganz einfach ! Ich habe nämlich am Nachmittag auch einen anonymen Anruf bekommen. Ich sollte mir hier um 19 Uhr mein Fahrrad abholen, das mir gestohlen worden war. Ich fand mein Rad, aber es hat einen Platten. Daher lief ich zur Telefonzelle, um meinen Vater anzurufen. Der sollte mich abholen, aber es war niemand zu Hause. "
" Du blutest ja, da, an der Hand ! " rief Lu plötzlich und zeigte auf Walters Hand. " Das ist nichts ! " bemerkte der gelassen. " Das kommt von der Glasscherbe im Fahrradreifen. Die wollte ich herausziehen ! " Ein Polizist lief sofort zu Walters Rad und rief: " Tatsächlich, hier steckt eine Scherbe ! " Der andere Polizist meinte: " Ihr kommt jetzt alle mit auf die Wache, der Fall wird kompliziert ! "
Bennie hatte sich bisher zurückgehalten, weder Aufnahmen geknipst noch mitgeredet. Doch jetzt drängte er sich vor und sprach laut: " Der Fall ist überhaupt nicht kompliziert. Für mich ist alles klar ! "

Für dich auch ?

DETEKTIVE, AN DIE ARBEIT !

Hier wird der Fall klar !

1. Wann geschah der Bruch - vor oder nach halb sieben Uhr ?

2. Warum wurde Klaus angeblich angerufen ?

3. Warum wurde Walter angeblich angerufen ?

4. Was brachte Bennie auf die richtige Spur ?

5. Wieso kam genau um 19 Uhr die Polizei ?

6. Wieso ist der Täter zum Tatort zurückgekehrt ?

7. **Eine Hilfe:** Löse das Rätsel, dann bleiben Buchstaben übrig.
Diese ergeben in richtiger Reihenfolge gelesen das Hauptbeweisstück !

Fahr - ie - Park - K - Bl - uhl - O - Mi - ge - ie - Er - Ich -
tarre - ran - rad - n - Gi - platz - r - ut - St - de - uh - spur - St

1. Fahrzeug
2. Musikinstrument
3. Autoabstellmöglichkeit
4. Nutztier
5. Sitzgelegenheit
6. Südfrucht
7. gesundes Getränk
8. zu keiner Zeit
9. unser Planet
10. männliches Rind

LÖSUNGEN

Hier wird der Fall klar !

1. Wann geschah der Bruch - vor oder nach halb sieben Uhr ?
vor 18.30 Uhr

2. Warum wurde Klaus angeblich angerufen ?
Er sollte um 19 Uhr die verschwundene Geldbörse abholen.

3. Warum wurde Walter angeblich angerufen ?
Er sollte um 19 Uhr gestohlenes Rad abholen.

4. Was brachte Bennie auf die richtige Spur ?
Scherbe in Fahrradreifen stammt vom Einbruch;
Blutspur; blutende Hand

5. Wieso kam genau um 19 Uhr die Polizei ?
von Walter angerufen (Telefonzelle)

6. Wieso ist der Täter zum Tatort zurückgekehrt ?
Walter musste sein Fahrrad holen.

7. **Eine Hilfe:** Löse das Rätsel, dann bleiben Buchstaben übrig.
Diese ergeben in richtiger Reihenfolge gelesen das Hauptbeweisstück !

Fahr - ie - Park - K - Bl - uhl - O - Mi - ge - ie - Er - Ich -
tarre - ran - rad - n - Gi - platz - r - ut - St - de - uh - spur - St

Fahrrad - Gitarre - Parkplatz - Kuh - Stuhl - Orange - Milch - nie - Erde - Stier

B e w e i s : B L U T S P U R

MINIKRIMI

Giftgasalarm !

Es war mucksmäuschenstill im Klassenzimmer. Nur ab und zu vernahm man einen tiefen Seufzer der Verzweiflung. Diese Mathearbeit hatte es aber auch in sich ! Es war die letzte Probe vor dem Zeugnis - und da hieß es sein Bestes geben ! " Die armen Neuntklässler ! " dachte Bennie, als er einmal nervös an seinem Stift kauend seinen Blick zur Uhr richtete. Denn ein Stockwerk unter ihnen saßen die Schüler der 9a über einer Physikarbeit. In etwa einer Stunde müssten die Neuntklässler dann im Physikraum ihr praktisches Können unter Beweis stellen. Daher durften sämtliche andere Klassen sich heute in der Pause nicht auf dem Gang aufhalten, um nicht zu stören." Lieber noch diese Matheprobe ! " dachte Bennie, als ihn plötzlich ein schriller Ton aus seinen Gedanken riss.Feueralarm ! Das war keine Übung, bestimmt nicht - an so einem Tag ! " Alles bleibt auf den Plätzen ! " versuchte der Lehrer heftig fuchtelnd die wirr durcheinander schreienden Kinder zu beruhigen. Und weiter: " Ihr stellt euch jetzt ruhig in Zweierreihen hintereinander. Wir werden die Schule durch den hinteren Treppenabgang verlassen. Ohne Drängelei ! " Schon riss der Hausmeister die Klassenzimmertüre auf. Sofort konnten die Kinder einen Rauchgeruch wahrnehmen. " Es brennt im Physikraum ! " rief der Hausmeister. " Verlasst das Haus ! " Sämtliche Kinder verließen mehr oder weniger geordnet das Schulhaus, während schon die Feuerwehr mit

großem Aufgebot anrückte. Die Schüler standen aber kaum zehn Minuten im Freien, als die Frauen und Männer der Feuerwehr schon wieder aufräumten. " Halb so schlimm ! " hörte man den Kommandanten zum Direktor sagen. " Es hat nur schwach gebrannt. Gefährlich ist vielleicht dieser gelbe Rauch. Versuchsmaterialien im Physikraum haben sich entzündet. Das heißt: Für heute ist die Schule aus, denn wir müssen erst testen, ob giftige Gase entstanden sind und wie es zu diesem Brand kam! " Natürlich freuten sich alle Schüler wahnsinnig über diesen unerwarteten freien Vormittag.

Bennie und Lu wären ebenso natürlich jetzt lieber **im** Schulhaus gewesen, um im Physikraum nach eventuellen Beweisen für eine Brandstiftung zu suchen. So standen sie nun gelangweilt an einer Eisdiele und schlurften ihr Bananeneis. " Komm, lass uns zur Schule radeln ! " meinte Bennie - und stieg schon auf sein Fahrrad auf. " Vielleicht haben die ihre Ermittlungen schon abgeschlossen und wir dürfen rein ? ! " Ohne Gegenworte fuhr Lu sofort hinter Bennie her.
Auf dem Schulflur trafen die beiden Meisterdetektive auf den Direktor, der sich soeben bei einem Polizeibeamten bedankte und ihm nachrief: " Den werden wir schon schnappen ! " Gleich darauf legte Bennie los: " War es Brandstiftung ? Dürfen wir rein ? Weiß man schon, wer ´s war ? " Der Direktor nickte schmunzelnd und antwortete: " Ja, ihr könnt reingehen. Aber Beweise werdet ihr keine mehr finden. Hier, schaut, dieses Feuerzeug hat die Polizei im Physikraum entdeckt ! " Der Direktor gab Bennie ein Feuerzeug. Der drehte es in seiner Hand hin und her. Gleich fiel ihm ein Aufkleber mit den Buchstaben **F.B**.ins Auge. " Wer ist denn so blöd und lässt so ein Beweisstück am Tatort zurück ? " fragte Bennie sich selbst. " Das sieht ja wild aus hier ! " meinte Lu, als sie den Physikraum betraten. Zerbrochene Gläser, heruntergefallene Büchsen, umgeworfene Geräte, grüne Farbe, die sich vom Regal bis zum Fußboden verteilt hatte - und alles rußverschmutzt. " Nichts mehr zu finden ! " rief Bennie nach einer Weile, nachdem sich die beiden durch das Chaos Richtung Fenster durchgearbeitet hatten. " Die Polizei hat saubere Arbeit...." Bennie unterbrach sein Reden, denn er hatte etwas entdeckt: Eine zusammengeknüllte Zigarettenschachtel klemmte zwischen Fenster und Fensterrahmen. " Ja, " kombinierte Lu, " so wird er wohl von draußen in den Raum gelangt sein ! " Die beiden ließen den Rolladen herunter, um zu testen, ob er sich mit der Hand hochschieben ließe. " Hier, schau mal ! Was ist das ? " Bennie zeigte auf das Fensterbrett und auf den Boden. Darauf waren im jetzt abgedunkelten Raum leuchtend grüne Fußabdrücke zu erkennen. " Phosphoreszierende Farbe ! " durchzuckte es Bennie. Ein Glas mit solcher Brühe musste zerbrochen sein - und der Täter war hineingestiegen !

Am nächsten Morgen herrschte schon vor dem Unterrichtsbeginn große Aufregung unter den Schülern. Mitschülerin Bettina empfing Bennie und Lu mit den Worten: " Habt ihr schon gehört ? Die Polizei ist beim Rektor und vernimmt Fabian Brenner. Er soll der Täter sein, man hat sein Feuerzeug gefunden ! "
Die zwei Detektive liefen sofort zum Direktorat, klopften kurz und stürmten ins Zimmer. Darin waren der Klassenlehrer der 9a, Herr Greif, Frau Fischer, die Sekretärin, der Direktor selbst, ein Polizist und Fabian. Niemand hatte anscheinend etwas gegen die Anwesenheit von Bennie und Lu, denn keiner protestierte. Fabian saß kreidebleich auf einem Stuhl und beteuerte gerade seine Unschuld: " Ich weiß nicht, wie das Feuerzeug in den Physikraum gelangte. Ich hatte es schon einige Tage nicht mehr. Ich verlieh es an Klaus, den Kettenraucher. Ich rauche ja nicht mehr. " Frau Fischer setzte dagegen: " Aber am gestrigen Morgen sah ich dich vor dem Physikraum herumlungern ! Na, ist das vielleicht ein Zufall ? " Die Röte stieg Fabian ins Gesicht und er begann zu stottern: " Ja, das stimmt, aber, aber nur, weil ich schauen wollte, welche Versuche für unsere Prüfung aufgebaut sind. Ich hörte zwar Geräusche von drinnen, aber ich konnte nicht rein, da abgesperrt war ! " Da gingen Bennie und Lu auf den Polizisten zu und sagten so leise etwas zu ihm, dass die Umstehenden nichts verstehen konnten. Dieser schaute die zwei nachdenklich an und meinte dann: " Es hört sich zwar sehr utopisch an, aber vielleicht ist es doch eine Möglichkeit, den Täter zu überführen. Einen Versuch ist es auf alle Fälle wert ! "

Krimi ohne Ende ?

DETEKTIVE, AN DIE ARBEIT !

Das Happy End

1. Welche zwei stehen unter Verdacht ?

___

2. Wenn Fabian hinsichtlich der verschlossenen Türe die Wahrheit sagte - wie kam dann der Täter hinein und heraus ?

___

3. Welches Motiv hatte der Täter für die Brandstiftung ?

___

4. Welchen Vorschlag machten Lu und Bennie dem Polizisten ?

___

___

5. Wie würdest du diesen Vorschlag in die Tat umsetzen ?

___

___

6. **Hilfe:** Hier siehst du 10 verschiedene Schuhabdrücke. Vergleiche mit denen im Physikraum ! Wer war der Täter ?

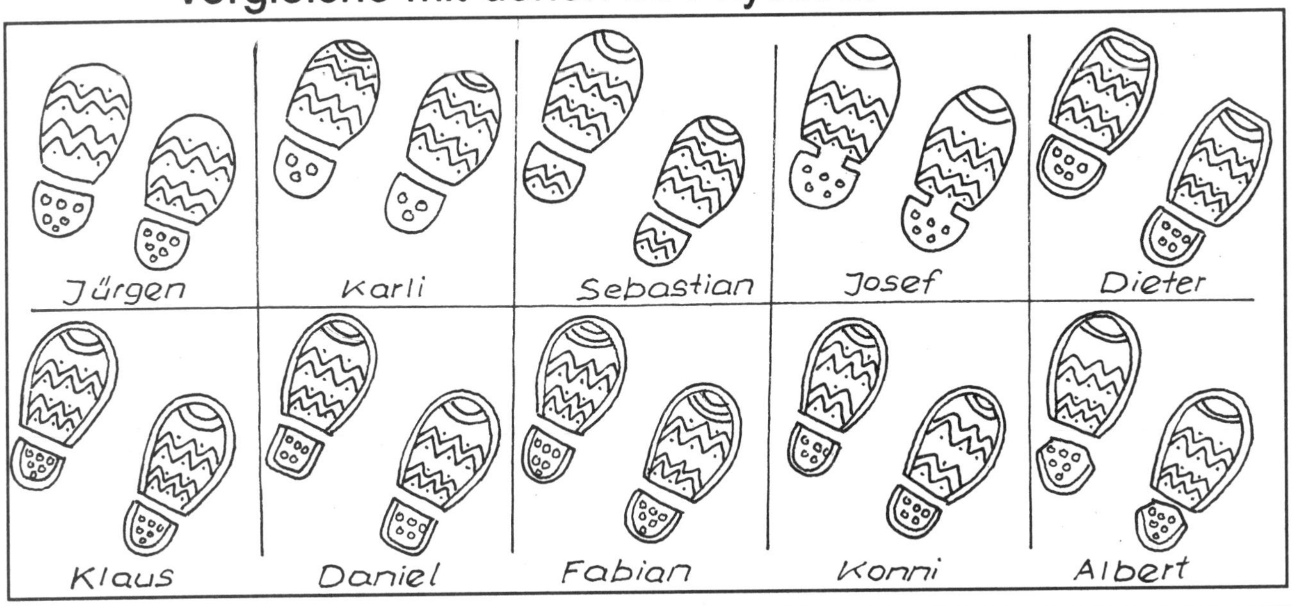

LÖSUNGEN

Das Happy End

1. Welche zwei stehen unter Verdacht ?

Fabian und Klaus

2. Wenn Fabian hinsichtlich der verschlossenen Türe die Wahrheit sagte - wie kam dann der Täter hinein und heraus ?

durch das Fenster

3. Welches Motiv hatte der Täter für die Brandstiftung ?

Verhinderung der Prüfung

4. Welchen Vorschlag machten Lu und Bennie dem Polizisten ?

Überprüfung der Schuhabdrücke

5. Wie würdest du diesen Vorschlag in die Tat umsetzen ?

" Verdächtige " Schuhe in abgedunkelten Raum bringen: Leuchten im Dunkeln

6. **Hilfe**: Hier siehst du 10 verschiedene Schuhabdrücke. Vergleiche mit denen im Physikraum ! Wer war der Täter ?

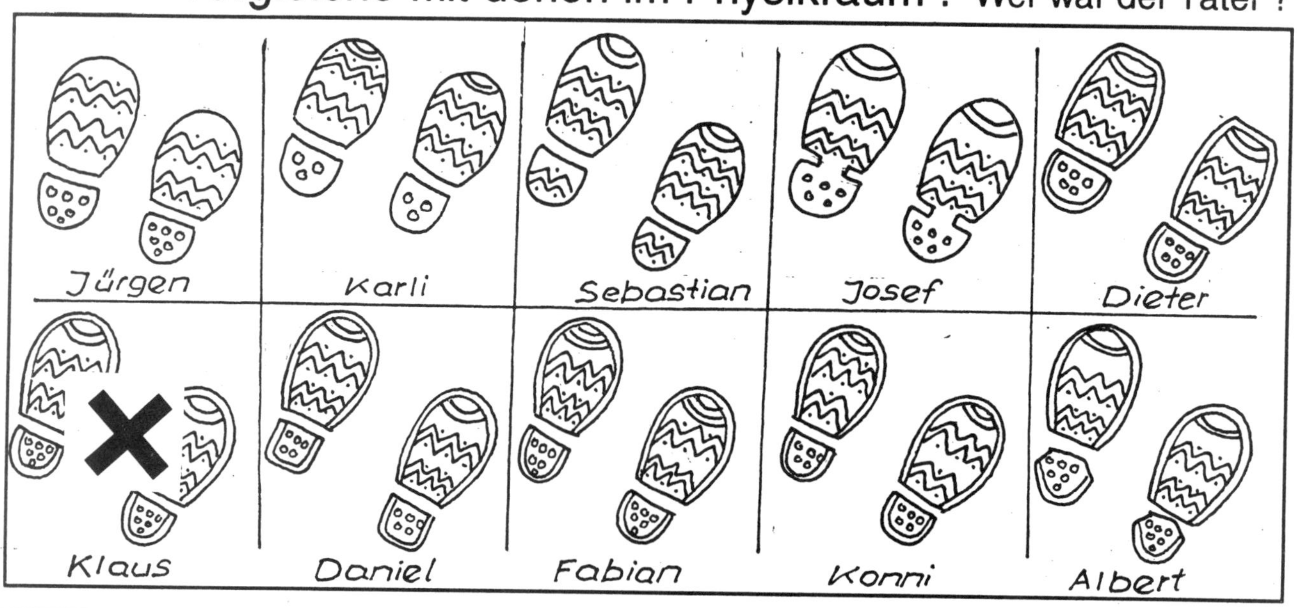

MINIKRIMI

Entführt !

Als es an der Haustüre läutete, stand Lu gerade unter der Dusche. "Nicht mal hier hat man seine Ruhe ! " schimpfte sie, stieg aber trotzdem aus der Wanne, trocknete sich schnell ab und zog etwas über. " Ja, ja, ich komm ja schon ! " brummelte Lu, als wieder heftig der Klingelknopf gedrückt wurde.
Frau Schwaibl stand draußen, heulend und völlig aufgelöst. " Frau Schwaibl, was ist denn los ? " fragte Lu entsetzt. " Lu, " schluchzte Frau Schwaibl, " ist Maxi bei dir ? Hast du Maxi gesehen ? Er ist nicht mehr da....!" " Maxi nicht mehr da ? " wiederholte Lu, " aber ich war um zwei Uhr bei ihm; das wissen Sie ja ! " Wieder heulte Frau Schwaibl auf: " Natürlich, aber jetzt ist er weg ! Spurlos verschwunden. Ich habe bereits das ganze Haus abgesucht, den Garten, die Scheune - nichts ! Er ist weg ! " Lu dachte kurz nach und meinte dann: " Frau Schwaibl, wir sollten die Polizei benachrichtigen ! Nein, denken Sie nicht an das Schlimmste, aber zur Vorsicht....... ! Ein Vierjähriger geht nicht nur mal so weg. Besser ist besser ! "
Und das taten die beiden auch, gleich von Lus Wohnung aus. Während Frau Schwaibl in ihr Haus zurückhetzte, informierte Lu Bennie: "Komm her, sofort, ein interessanter Fall ! Ich bin bei meiner Nachbarin, der Frau Schwaibl !"
Bennie traf noch eher ein als die Polizisten. Er fand Lu bei Frau Schwaibl, sie standen in Maxis Zimmer. Bennie sagte nichts, denn er wollte Lu nicht stören, die an ihrem Daumen kaute und immer wieder "Mmmh, mmmh...." brummelte.
"Interessant ! " rief Lu schließlich, "sehr interessant ! " Frau Schwaibl fragte erschrocken: "Was ist denn interessant, Lu ? Los, sag schon ! "
"Also, " begann Lu langsam und ganz deutlich zu sprechen, " ich war doch um 14 Uhr bei Maxi ! " Frau Schwaibl nickte stumm, Bennie zog fragend die Schultern hoch. Lu weiter: " Als ich Maxi eine halbe Stunde später verließ, schaute das Zimmer hier so aus - wartet, ich zeichne es euch auf:

Gerade, als Lu mit der Zeichnung fertig war, kamen die Polizeibeamten. Lu winkte Bennie zu: " Komm mit, wir gehen zu mir ! " Ungehindert konnten sie gehen, denn die Polizisten waren mit der aufgeregten Frau Schwaibl genug beschäftigt.Die beiden Kinder hörten gerade noch, wie Frau Schwaibl aussagte, sie habe zwischen 14.30 Uhr und 15.30 Uhr im Keller gebügelt und dann Maxis Verschwinden bemerkt.

" Was ist nun mit Maxis Zimmer ? " fragte Bennie ungeduldig, als sie endlich in Lus Zimmer saßen."Pass auf, Bennie, " begann Lu ruhig und sachlich, " ich erzähle dir jetzt alles über die Familie Schwaibl, was ich weiß. Du machst Notizen ! " Bevor Bennie murren konnte, legte Lu auch schon los: " Da ist zunächst Frau Schwaibl, die drüben mit Maxi alleine wohnt. Sie sagte vorhin, sie sei zwischen 14.30 Uhr und 15.30 Uhr beim Bügeln im Keller gewesen. Als sie um 15.30 Uhr nach Maxi schaute, war er nicht mehr da ! Ihr Mann, Herr Schwaibl, wohnt nicht mehr bei seiner Frau; die beiden haben sich scheiden lassen. Herr Schwaibl möchte aber seinen Sohn, Maxi, bei sich haben. Das weiß ich, das weiß die ganze Straße. Herr Schwaibl soll sogar schon einmal gedroht haben, Maxi zu entführen ! " "Alles klar!" rief Bennie, " er war ´s ! " Lu seufzte: " Wenn es nur so einfach wäre ! Hör weiter ! In den letzten drei Jahren hatten die Schwaibls ein Kindermädchen. Ich kenne ihren Namen nicht, alle nannten sie nur Trixi. Und dieser Trixi wurde vor einer Woche gekündigt. Frau Schwaibl verriet mir vorhin, dass sie sich das Kindermädchen nicht mehr leisten konnte." Erschöpft blickte Bennie von seinem Schreibblock auf: " Sind das jetzt hoffentlich alle ? ! " " Leider noch nicht ! Da gibt´s noch den Gärtner, Herrn Kohl. Der arbeitet seit kurzem bei den Schwaibls. "

Bennie unterbrach: " Verrat mir doch mal, warum du vorhin Maxis Zimmer gezeichnet hast ! " Lu: " Richtig, das Zimmer ! Die Zeichnung von vorhin zeigt Maxis Zimmer, wie es um 14.30 Uhr, als ich ihn verließ, ausschaute. Und jetzt zeichne ich zum Vergleich das Zimmer, wie du es vorhin auch gesehen hast ! "

Nachdem Bennie und Lu die beiden Zeichnungen verglichen und die 14 Fragen beantwortet hatten, wussten sie, wer der Täter war !

War es Frau Schwaibl ? Herr Schwaibl ? Kindermädchen Trixi ? Gärtner Kohl ?

DETEKTIVE, AN DIE ARBEIT !

Fragen zum Entführungsfall

Nach Beantwortung dieser 14 Fragen mit Ja oder Nein weißt auch du, wer Maxi entführt hat ! Vergleiche die beiden Zeichnungen !

1. Ging Maxi freiwillig mit ?
2. War Maxi ein ordentliches Kind ?
3. Hatte Frau Schwaibl einen Grund, Maxi aus dem Haus zu schaffen ?
4. Hatte Herr Schwaibl einen Grund, Maxi zu entführen ?
5. Hatte Gärtner Kohl einen Grund ?
6. Hatte Kindermädchen Trixi einen Grund ?
7. Reichte die Zeit aus, Maxi unbemerkt zu entführen ?
8. Kannte der Kidnapper sich im Haus aus ?
9. Wollte der Kidnapper Maxi länger als zwei Tage behalten ?
10. Konnte Mutter Schwaibl Geräusche, die der Kidnapper machte, hören ?
11. Glaubst du, dass Vater Schwaibl der Entführer ist ?
12. Oder entführte Gärtner Kohl den Jungen ?
13. Glaubst du, dass Frau Schwaibl den Jungen versteckte, damit Herr Schwaibl ihn nicht entführen konnte ?
14. Oder entführte Kindermädchen Trixi den Jungen ?

Und zum Schluss: Links siehst du das Bild, das in Maxis Zimmer hängt- rechts daneben eine plumpe Fälschung. Suche die 10 Unterschiede !

LÖSUNGEN

Fragen zum Entführungsfall

Nach Beantwortung dieser 14 Fragen mit Ja oder Nein weißt auch du, wer Maxi entführt hat! Vergleiche die beiden Zeichnungen!

1. Ja; keine Spuren eines Kampfes; Maxi nahm Teddy und Kleidung mit.
2. Ja.
3. Ja,um ihren Mann zu hindern, Maxi zu entführen.
4. Ja, er wollte seinen Sohn bei sich haben.
5. Ja, er hätte Lösegeld fordern können.
6. Ja, sie war lange mit ihm zusammen.
7. Ja.
8. Ja, er füllte das Fischglas mit Wasser auf; wusste, wo der Wasserkrug steht; goss die Pflanzen.
9. Ja, Teddy und Kleidung wurden mitgenommen.
10. Nein, sie war im Keller.
11. Nein, er hätte schnell gehandelt und nicht die Blumen gegossen....
12. Nein, er hätte, wie der Vater, im Haus nichts zu suchen gehabt.
13. Nein, sie hätte nicht Kleidung mitgenommen, da sie ja jederzeit ins Haus zurückkommen kann.
14. Ja. Sie hätte im Falle einer Entdeckung eine glaubhafte Ausrede erfinden können (Brille, Geldsack, ... vergessen). Und sie erledigte die Arbeiten, die sie immer tat: Bett, Fische, Blume.

    Bennie und Lu hatten ihre Erkenntnisse der Polizei mitgeteilt. Sofort wurde nach Kindermädchen Trixi gefahndet. Nach zwei Tagen brachte Trixi den kleinen Maxi freiwillig zur Polizei. Sie hatte nämlich kein Geld mehr - und Maxi aß doch so viel!

Und zum Schluss: Links siehst du das Bild, das in Maxis Zimmer hängt- rechts daneben eine plumpe Fälschung. Suche die 10 Unterschiede!

MINIKRIMI

Feind hört mit !

" So ein langweiliger Tag ! " stöhnte Lu, die zusammen mit Susanne ihre Hausaufgaben geschrieben hatte.Wehmütig blickte sie aus dem Fenster: Es regnete in Strömen. " Man kann gar nichts unternehmen ! " jammerte sie. " Doch, ich hab eine Idee ! " rief Susanne geheimnisvoll. " Lass uns zu meiner Oma gehen. Die hat auf dem Dachboden viele alte Kleider und Bücher, da kann man herrlich kruschen ! " Oma freute sich über so lieben Besuch und brachte Saft und Kekse auf den Dachboden zu den Mädchen, die gerade damit beschäftigt waren, sich mit Spitzenunterröcken und großen Hüten aus einer alten Kommode zu verkleiden. Lu entdeckte auf einem alten Schrank einen kleinen Lederkoffer mit alten Fotografien. Die beiden Gören amüsierten sich köstlich über den komischen Bart eines alten Mannes in Uniform, der auf einem Bild zu sehen war. ***Zur Erinnerung Anno 1916*** war auf der Rückseite zu lesen. " Das muss mein Uropa gewesen sein ! " meinte Susanne, die gerade wieder damit beschäftigt war, einen Stapel Bilder aus dem Koffer zu nehmen. Dabei rutschte ein klein zusammengefalteter, vergilbter Zettel zu Boden. " Toll, eine Schatzkarte ! " bemerkte Lu, nachdem sie das Blatt auseinandergefaltet hatte. Auf dem Stück Papier war eindeutig ein Plan mit Pfeilen, die die Richtungen angaben, zu sehen. " Die Ortschaft mit der Kirche kenne ich , " rief Lu, " das muss Zell sein, nur etwa 5 Kilometer von hier ! " Sie studierten zusammen den Plan: An den Blatträndern war jeweils in der Mitte die Himmelsrichtung eingetragen, unten Süden, gegenüber Norden, links Westen und rechts Osten.Von Süden nach Norden verlief durch den ganzen Plan eine breite Straße: Hauptstraße stand dabei. Rechts, im unteren Drittel, standen 5 Häuser verstreut. Darüber bog eine Straße nach rechts zum Riedhof ab. Ein großer Bauernhof füllte etwa das mittlere Drittel der selben Seite aus. Unten, auf der linken Planseite, war eine Kirche mit Friedhof eingezeichnet.Die restliche linke Seite war komplett mit Wald gefüllt. Er wurde durch eine Straße unterbrochen, die sich von Westen nach Osten, oberhalb des Bauernhofes, durch das gesamte Blatt zog und somit die Hauptstraße kreuzte. **Letten** stand auf der Straße. Auf der rechten Seite der Hauptstraße, gegenüber des großen Hofes, entlang der Straße nach Letten, war ein Wegkreuz eingezeichnet, links und rechts davon jeweils ein großer Baum. " Ist ja komisch ! " bemerkte Lu und drehte den Zettel um. " Schau mal, was da steht ! " Sie begann zu lesen: ***Siehst du das Kreuz am Wegesrand, hast den Platz du schon erkannt. Zwei Bäume stehen dort zur Zier, den rechten davon rat ich dir. Eine halbe Stunde, bevor die Sonne am höchsten steht, schaue, wo sein Schatten geht. Ein Schritt nach links - dann gelingt´s !*** " Ist ja super ! " gluckste Susanne, " den Schatz holen wir uns !"

" Na klaro, " lachte Lu, " aber Bennie nehmen wir mit !" Aufgeregt liefen sie die Treppe hinunter und hätten beinahe Ilse, ein 17jähriges Mädchen, das zur Zeit bei Omas Nachbarin zu Besuch war, umgerannt. " Oma, Oma, schau her ! " rief Susanne. " Schau, was wir gefunden haben ! " Oma nahm die Karte in die Hände, betrachtete sie lange und las dann laut den Text auf der Rückseite vor. Ilse stand auch dabei und lauschte neugierig mit. " Wir müssen heim! " bedauerte Lu, doch Oma rief sofort: " Ach, bitte, bringt doch vorher noch die Kartoffeln zu Ilses Tante. Sie braucht sie, und Ilse kann nicht die zwei Tüten und ihren Regenschirm tragen ! " Susanne überlegte nicht lange: " Natürlich, und von dort gehen wir gleich nach Hause. Es dämmert nämlich schon draußen. Also: Tschüs ! "

Am nächsten Morgen - die Sonne brannte herunter - konnten es die beiden Mädchen kaum erwarten, Bennie noch vor dem Unterricht die Karte zu zeigen. " Gleich nach der Schule fahren wir dort hin ! " meinte Lu. " Nicht so eilig ! " beruhigte sie Bennie, " wir haben doch nach dem Schulunterricht Schwimmen, und wie ihr wisst, ist es nachher zu spät ! " Die Mädchen standen eine Weile enttäuscht da, bis Lu schließlich meinte: " So ein Mist - aber gleich morgen packen wir ´s ! " In diesem Moment sprang von der Seite Peter auf Bennie zu und riss ihm die Karte aus der Hand. " Ist ja interessant ! " grinste Peter, während er den Plan mit seinen Augen verschlang. " Gib her ! " fauchte ihn Lu an und schnappte sich den Plan.

Dieser Vorfall war natürlich am Tag darauf, am Samstag, vergessen: Pünktlich um 11 Uhr trafen sich Lu, Susanne und Bennie an der Schule- alle drei waren sie mit dem Fahrrad gekommen. So fuhren sie los zu der beschriebenen Stelle. Bewaffnet mit zwei Schaufeln und einer Spitzhacke traten sie vor das Kreuz.

" Wir müssen *hinter* die Bäume ! " erklärte Bennie profihaft. " Ja, prima " , lobte ihn Lu. " Aber wir haben noch zehn Minuten Zeit ! " Nocheinmal studierten die drei die geheimnisvollen Worte und fingen an zu graben. " Nicht so nah ! " rief Susanne, " der Baum ist sicher größer als auf der Karte. "

" Hier ist der Boden seltsam weich ! " zischte Bennie und grub schneller. Plötzlich hielt er ein verrostetes Kästchen in seinen Händen. Er öffnete es vorsichtig, griff hinein - und förderte nur Kieselsteine zutage. " Da ! " rief Lu auf einmal, " da schau, ein Zettel ! "

Tatsächlich: Am Boden des Kästchens lag ein kleiner Zettel. Was darauf stand, konnten alle drei gleichzeitig lesen: **L e i d e r z u s p ä t !**

" Sauerei ! " schrie Susanne sofort, " da war jemand vor uns da ! " Lu sprach ganz ruhig: " Und das ist noch nicht lange her ! " Bennie meinte schlau - und doch ratlos: " Kein Schatz, aber zwei Verdächtige. "

Nach kurzem Überlegen rief Lu triumphierend: " Nein, nur einer ! **Ein** Verdächtiger ! "

Kennst auch du den Täter ?

DETEKTIVE, AN DIE ARBEIT !

Feind erkannt !

1. Wen meinte Bennie mit den *zwei Verdächtigen* ?

____

2. Warum konnte es nur ein bestimmter sein ?

____

____

3. Bennie meinte: *"......ist es nachher zu spät ! "* Warum ?

____

4. Bennie meinte: *" Wir müssen hinter die Bäume ! "* Warum ?

____

5. Bennie, Lu und Susanne zeichneten die Karte aus dem Gedächtnis nach. Nur eine ist richtig !

LÖSUNGEN

Feind erkannt !

1. Wen meinte Bennie mit den *zwei Verdächtigen* ?

Peter und Ilse

2. Warum konnte es nur ein bestimmter sein ?

Peter erfuhr zu spät vom Plan; Ilse hatte früher Zeit.

3. Bennie meinte: *"......ist es nachher zu spät ! "* Warum ?

Schatten um 11.30 Uhr

4. Bennie meinte: *" Wir müssen hinter die Bäume ! "* Warum ?

Dorthin, wo der Schatten fällt

5. Bennie, Lu und Susanne zeichneten die Karte aus dem Gedächtnis nach. Nur eine ist richtig !

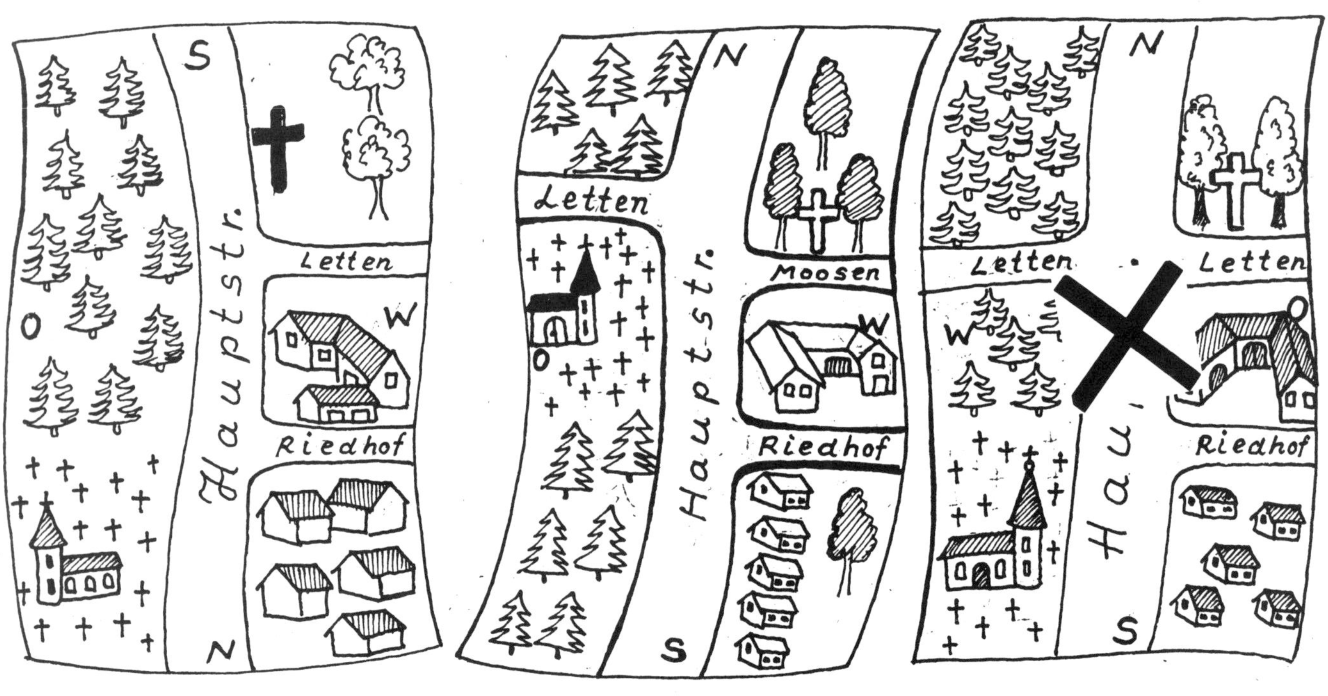

MINIKRIMI

Unheimliche Vorfälle

Lange unterhielten sich die Klassenlehrer, Herr Greif und Frau Schmidmeir, mit der ältlichen, klein gewachsenen und sehr nervös wirkenden Heimmutter, Frau Troll, gleich bei Ankunft in der Jugendherberge. An den Blicken der Beteiligten sah man, dass es kein erfreuliches Gespräch war, das die drei miteinander führten. " Endlich ! " stöhnten nicht wenige Schüler, als ihnen ihr Lehrer das Zeichen gab, auf das hin sie mit ihren Koffern das Haus betreten durften. Es war keine Herberge im üblichen Sinn, es war eine alte, zum Teil für Herbergszwecke umgebaute Burg. " Sieht ja gespenstisch aus ! " meinte Lu begeistert, als sie sich in der großen Halle, in der sich auch der Speisesaal befand, umsah. Entlang des Treppenaufgangs hingen viele Gemälde von ehemaligen Burgherren und in der Halle ein großes Bild einer hübschen, ganz in Weiß gekleideten Frau. Bei genauerem Hinschauen fiel Bennie auf, dass die Augen dieser Frau " komisch " wirkten. Ja, auch Lu hatte das Gefühl, dass daran irgend etwas nicht passte. " Das ist Lady Adele ! " mischte sich in diesem Moment ein Mann im Jackett und mit Gehstock ein. " Sie war die Gattin von Sir Tac und wurde im Jahre 1415 geköpft! " Beim letzten Wort zuckten Lu und Bennie zusammen. Der Unbekannte fuhr fort: " Ja, geköpft, weil sie ihren Gatten betrogen hatte ! " Und mit hämischem Grinsen fügte er noch hinzu: " Seit jener Zeit spukt die Alte jede Nacht in ihrem weißen Kleid um Mitternacht durch die Gemäuer. "

" O, wie schaurig ! " lachte Bennie, dem man ansah, dass er kein Wort glaubte. " Alles mal herhören ! " rief in diesem Moment Herr Greif und winkte: Alle sollten sich um ihn versammeln. Leise und vorsichtig begann er zu sprechen: " Wie ihr vielleicht mitbekommen habt, gibt es ein paar Schwierigkeiten. Unsere Buchung ist nicht an die Burgverwaltung weitergegeben worden. " Schnell beschwichtigte er seine Schüler, als er deren lange Gesichter sah: " Wir dürfen aber trotzdem bleiben ! Es gibt da einige Einschränkungen, die wir in Kauf nehmen müssen. Wir dürfen nur den vorderen Teil der Burg betreten, da der Westflügel derzeit renoviert wird. Ferner darf niemand - ich wiederhole: niemand ! - auf eigene Faust hier, in der Burg, auf Erkundungsreise gehen - und schon gar nicht in den Keller. Der ist nämlich baufällig und das Betreten lebensgefährlich ! Nach 22 Uhr ist strikte Zimmerruhe angesagt, sonst bekommen wir alle große Schwierigkeiten. So, jetzt nehmt alle eure Koffer mit; Herr Troll, der Hausherr, wird euch die Zimmer zeigen ! " Sofort trottete ein junger, finsterer Typ mit Lederjacke und einer auffallenden Tätowierung in Form einer Seejungfrau am linken Handgelenk über die knarrende Treppe in den 1. Stock hoch. " Links die Mädchen, rechts die Jungen, am Flurende der Waschraum ! " rief er barsch und verschwand wieder nach unten.

Susanne und Lu, die sich zusammen ein Zimmer teilten, konnten in dieser Nacht lange nicht einschlafen. Das alte Gebälk der Holzdecke knarrte fortwährend, und von draußen drangen merkwürdige Geräusche und Hundegebell herein. Irgendwann schlichen die beiden Mädchen zum Fenster und erblickten sofort im Licht des Mondes am Ufer des großen Sees, der direkt an die Burg angrenzte, seltsame Gestalten, die gerade damit beschäftigt waren, schwere Kisten aus einem Ruderboot zu hieven. Diese trugen sie zur Burg - und waren plötzlich verschwunden. Auf Zehenspitzen schlichen die zwei Mädchen aus dem Zimmer und spähten durch das alte Holzgeländer der Treppe nach unten. Dort unten öffnete sich die Türe zum Keller und eine weiß gekleidete Gestalt trat heraus. " Lady Adele ! " wisperte Lu erschrocken. Man konnte das Gesicht der weißen Person nicht erkennen. Die Mädchen sahen aber deutlich, dass die Unbekannte humpelte. Plötzlich trat noch eine Person aus der Kellertüre. Sie hatte eine Taschenlampe in der tätowierten Hand. Und sie richtete den Lichtstrahl nach oben.....! Lu und Susanne flüchteten sofort in ihr Zimmer zurück.

Am nächsten Morgen durften die Kinder nach dem Frühstück in den Garten. Der sah zwar sehr verwildert aus, aber " zum Austoben gerade richtig" - wie Lehrer Greif bemerkte. Bennie, dem die Mädchen von ihren nächtlichen Erlebnissen natürlich erzählt hatten, machte einen Vorschlag: Die Burg muss erkundet werden !

Lu und Susanne schlichen mit ihm in die Richtung des Westflügels davon. Bald schon machte Bennie eine Entdeckung: " Hab ich mir doch gedacht ! " Dabei zeigte er auf eine hölzerne Tür zwischen zwei großen Sträuchern, die offenbar in den Keller führte. " Ja, da sind die Männer heute Nacht wohl verschwunden ! " glaubte Lu, als sie die frisch abgebrochenen Zweige des Strauches untersuchte. Die Türe war wider Erwarten nicht verschlossen, und so gingen die drei Kinder hindurch. " Nichts Auffälliges zu sehen ! " flüsterte Bennie ein bisschen nervös, nachdem sie zwischen Weinregalen, alten Schränken und Kommoden gestöbert hatten. " Schaut, " rief Bennie plötzlich, " da ist eine Geheimtür ! " Er hatte sich nämlich gegen ein Weinregal gelehnt und dieses hatte sich halb gedreht und ein weiteres Zimmer geöffnet. Neugierig schlichen die drei hinein. " Wahnsinn ! " rief Lu. " Das ist ja ein Waffenlager ! Und hier - die Kisten von gestern Nacht. Was da wohl drin ist ? " Da stieß Susanne einen leisen Schrei aus und deutete auf eine Zimmerecke. Zusammengekauert, geknebelt und gefesselt lag dort ein älterer, grauhaariger Mann. Der deutete unentwegt mit seinem Kopf nach rechts oben, zu einem Loch in der Mauer. Bennie handelte jetzt entschlossen und riss dem Mann das Pflaster vom Mund. Es war kaum zu verstehen, was der Mann stammelte: " Schaut, ob jemand kommt ! " Lu blickte durch das Loch in der Mauer, auf das der Mann gedeutet hatte. Sie sah direkt in die Halle der Burg. " Aha, " kombinierte sie blitzschnell, " daher also die seltsamen, unruhigen Augen der Lady Adele auf dem Bild ! " - " Da kommt jemand ! " rief Lu plötzlich. " Wir müssen hier weg ! " So schnell und so leise sie konnten, schlichen die drei ins Freie. Bennie drehte auf halbem Wege um und kehrte bald darauf zurück. " Was war denn los ? " wollte Susanne wissen.

" Ich habe dem Alten das Pflaster wieder auf den Mund geklebt. Sonst fällt ´s auf ! " erwiderte Bennie ruhig. Eben wollte Susanne noch feixen: " Bist eben ein kluger Ju....! " - als ein lauter Ruf sie erschrecken ließ: " Halt, stehen bleiben ! Wo wollt ihr denn so eilig hin ? " Es war ihr Lehrer, Herr Greif. " Äh, wir wollten, wir haben..." stotterte Susanne los.

" Habt wohl einen Geist gesehen ? " scherzte Herr Greif. Die drei Kinder erzählten ihm ihre Entdeckung - der Blick des Lehrers wurde immer finsterer und ernster. " Jetzt verstehe ich allmählich ! " überlegte er laut. Und zu den drei Detektiven: " Ich wollte gerade die ganze Klasse in die Burg zurückschicken, weil ich im Radio gehört habe, dass ganz in der Nähe ein Banküberfall stattgefunden hat. Die Täter sind noch flüchtig. Also, ihr drei lauft jetzt runter, in die Stadt, und benachrichtigt die Polizei.

Noch am gleichen Tag konnten die Bankräuber von der Polizei festgenommen und der gefesselte, alte Mann befreit werden. Zur Belohnung bekam die ganze Klasse vom Direktor der überfallenen Bank zwei weitere Tage auf der Burg, Freikarten für das Schwimmbad und eine Dampferfahrt auf dem See - sowie am Abend dann ein riesiges, leckeres Buffet spendiert.

Alles klar ?

DETEKTIVE, AN DIE ARBEIT !

Alles klar !

1. Wer waren die Täter ?

____

2. Welche Hinweise zu den verdächtigen Personen konnten unsere Detektive der Polizei geben ?

____

____

3. Wer war wohl der gefangene ältere Herr im Keller ?

____

4. Wieso war Frau Troll, die Heimmutter, so nervös ?

____

____

5. Wieso hatte Lady Adele solch seltsame Augen ?

____

6. Diese Leute verhielten sich verdächtig !
   Findest du die Täter heraus ? Woran hast du sie erkannt ?

____

____

LÖSUNGEN

Alles klar !

1. Wer waren die Täter ?

der Mann mit Gehstock und der Mann mit Tätowierung

2. Welche Hinweise zu den verdächtigen Personen konnten unsere Detektive der Polizei geben ?

z.B. Tätowierter und Humpelnder am Ruderboot

3. Wer war wohl der gefangene ältere Herr im Keller ?

Herr Troll, der Heimleiter

4. Wieso war Frau Troll, die Heimmutter, so nervös ?

weil ihr Mann von den Banditen gefangen war

5. Wieso hatte Lady Adele solch seltsame Augen ?

Augen waren Sehschlitze, Löcher in Wand

6. Diese Leute verhielten sich verdächtig !
   Findest du die Täter heraus ? Woran hast du sie erkannt ?

Frau Troll	Täter: Tätowierung	Täter: Humpeln	Heimleiter Troll

MINIKRIMI

Terroristen am Werk

Wie so oft, wenn die Schule eine Stunde eher aus ist, fuhren auch an diesem Dienstag Lu und Susanne in den Park. Sie schauen immer gerne den vielen Tauben zu. Die halten sich dort zu Scharen auf und raufen um die wenigen Brotkrumen, die ihnen von zumeist älteren Menschen zugeworfen werden. Eine davon ist Frau Zeisch, eine nette, grauhaarige Frau, die immer und für jeden ein paar freundliche Worte und ein Lächeln parat hat. " Hallo, Frau Zeisch ! " grüßten Lu und Susanne und winkten ihr zu. Aber ganz gegen ihre sonstige Art reagierte Frau Zeisch heute gar nicht auf den Gruß. Sie saß stumm da und starrte ins Leere. Die Mädchen schoben ihre Räder zu ihr hinüber und setzten sich neben sie. Besorgt fragte Lu: " Fehlt Ihnen etwas, Frau Zeisch ? Sie sehen heute so traurig aus ? ! " Mit Mühe versuchte die alte Frau, ihre Tränen zu unterdrücken, als sie den Mädchen den Grund für ihre Niedergeschlagenheit erzählte: " Ihr kennt doch mein Häuschen dort drüben. Mein ganzes Leben hab ich in diesem Haus verbracht und ich kann mir nicht vorstellen, wo anders zu wohnen. Von hier aus habe ich nicht weit zu den Geschäften, und vom Küchenfenster aus kann ich den Park sehen. Stellt euch vor, jetzt will mich doch eine Baufirma zwingen, das Haus zu verkaufen, weil dort eine Wohnanlage entstehen soll ! " - " Wieso zwingen ? " fragte Susanne leise. " Das können die doch gar nicht, das Häuschen gehört doch Ihnen ? ! " - " Ja, das schon, " fuhr Frau Zeisch fort, " und es stehen auch noch drei weitere alte Häuser in dieser Straße. Aber zwei Eigentümer haben bereits verkauft und der dritte wird wohl auch bald aufgeben, denn dem setzen sie genauso zu wie mir.

Vergangene Nacht hat jemand von meinem schönen Tannenbaum am Gartenzaun sämtliche Äste abgeschnitten und in mein Grundstück geworfen. Vor ein paar Tagen riss jemand alle Rosenstöcke aus. An mein Kellerfenster wurde blaue Farbe gespritzt. Mein Neffe, Thomas, der sowieso alles einmal erben wird, liegt mir schon seit Wochen in den Ohren, ich sollte doch endlich verkaufen, die 350 000 DM wären viel Geld, diese Gelegenheit bekäme ich nie wieder. Vorgestern war er mit Herrn Maier, der das Haus neben mir besaß und bereits verkauft hat, bei mir und beide redeten auf mich ein. Drei Drohbriefe hat man mir bereits an Steine gebunden in den Garten geworfen. Und ständig bekomme ich anonyme Anrufe, bei denen jedesmal eine Stimme zischt: `Hau endlich ab ! ´ " . Lu meldete sich zu Wort: " Ist das gemein ! Waren Sie schon bei der Polizei ? " - " Ja, " sprach eine resignierte Frau Zeisch, " aber die meinen, gegen Unbekannt zu ermitteln bringe keinen Erfolg. Außerdem rieten sie mir, keine Verdächtigungen gegen Personen oder gegen die Baufirma **R + M** auszusprechen - ohne Beweise ! " Gegen ihre sonstige Gewohnheit waren diesmal die Mädchen sehr still, als sie nach Hause fuhren. Nur Lu meinte bedrückt: " Frau Zeisch tut mir leid. Die Leute können ja so gemein sein ! " - " Ja, " meinte Susanne, " das müssen wir Bennie erzählen. Vielleicht weiß er einen Rat, wie wir helfen können. " - " Zuerst gehen wir morgen zu dieser Baufirma ! " schlug Bennie vor, nachdem er vom Vorfall erfahren hatte. Auch Bennie kannte Frau Zeisch, sie hatte ihm früher immer Schokolade geschenkt, wenn er im Park spielte. Bennie schimpfte jetzt los: " Und diesen Neffen Thomas kenne ich auch ! Ein Faulpelz und Taugenichts ! Der hat noch nirgendwo länger als ein halbes Jahr gearbeitet. Das glaube ich schon, dass der das Häuschen lieber heute als morgen verkaufen will, das Geld einstecken und HIGH LIFE spielen ! "

Am nächsten Tag, gegen 15 Uhr, standen die drei Freunde in dem großen, modern eingerichteten Vorzimmer der Firma R + M. " Habt ihr einen Termin bei Herrn Roß oder Herrn Maier ? " fragte die Sekretärin. " Nein, " erwiderte Bennie energisch, "aber es ist sehr wichtig ! " - " Tut mir leid, " bedauerte die Sekretärin, " aber die beiden gehen soeben zu ihrem Auto ! " Dabei zeigte sie zum Fenster. Bennie, Lu und Susanne blickten sofort hinaus und erblickten einen älteren, grauhaarigen Mann im Anzug und einen etwas jüngeren mit Brille und Aktentasche. Beide stiegen gerade in eine große, schwarze Limousine und fuhren weg. " Wir kommen wieder ! " rief Bennie, und zu den Mädchen sprach er: " Jetzt weiß ich wenigstens, woraus sich der Name R + M zusammensetzt. Kommt, lasst uns zu Frau Zeisch fahren, vielleicht gibt ´s etwas Neues ! "

Diese stand zusammen mit einem großen, schlanken Mann mit blonden Locken in ihrem Garten. Sie hielt eine Scherbe in der Hand und klärte die Kinder auf: " Da, schaut, was sie vergangene Nacht getan haben ! Das Fenster haben sie mir eingeworfen ! Mit einem Ziegelstein. Daran hing dieser Zettel ! " Dabei zeigte sie auf ein Blatt Papier, das der große Mann neben ihr in der Hand hielt. " Übrigens, " fuhr sie fort, " das ist mein Neffe, Thomas ! Er kam gerade zufällig in seinem neuen Wagen vorbei. " Frau Zeisch zeigte auf den Mittelklassewagen, der vor dem Gartenzaun stand. " So zufällig auch nicht, Tantchen ! " Thomas hatte sich zu Wort gemeldet. " Ich warte auf Herrn Maier, deinen früheren Nachbarn. Er wollte nocheinmal mit dir reden. " - " Darf ich den Zettel einmal sehen ? " unterbrach Lu. Sie las leise die Worte, die in Maschinenschrift auf dem Blatt standen: *Verkaufe endlich, sonst passiert was !* In diesem Moment betrat Herr Maier das Grundstück. In seiner Hand hielt er einen Brief. " Hier, Frau Zeisch, " schnaubte er emsig, " hier hab ich ein paar Zeilen für Sie aufgesetzt. So eine Art Vertrag mit der Baufirma, falls Sie sich jetzt endlich entschließen, zu verkaufen. " Stumm nahm Frau Zeisch das Kuvert entgegen und verabschiedete sich von ihrem Neffen und ihrem früheren Nachbarn. Nur noch die Kinder waren jetzt bei ihr. "Diesen Herrn Maier kenne ich irgendwoher ! " überlegte Susanne. Bennie, an Frau Zeisch gewandt: " Haben Sie irgend ein Stück Papier, auf das Ihr Neffe geschrieben hat ? " Bevor Frau Zeisch etwas sagen konnte, setzte Bennie fort: " Und auch ein Schriftstück von dieser Baufirma hätte ich gerne ! Und geben Sie mir noch diesen Brief mit, den Ihnen Herr Maier gerade brachte ! " Wortlos lief Frau Zeisch ins Haus und kam bald mit zwei Zetteln und einem Kuvert zurück. Sie stellte keine Frage, als sie die Papiere den Kindern aushändigte. Diese verabschiedeten sich mit den Worten: " Nur Mut, wird schon alles gut werden ! " Von der Straße aus winkten sie ihr zu, stiegen auf ihre Räder und fuhren ab. Nach wenigen Sekunden bremste Bennie plötzlich so stark ab, dass sich der Hinterreifen seines Fahrrades zur Seite drehte. Der Junge hatte nämlich etwas entdeckt: Dort, auf dem Boden des Feldweges unweit des Zeisch - Häuschens sah man deutlich frische Reifenspuren. Die Kinder wussten, dass dieser Feldweg so viel wie gar nicht befahren wird. " Die müssen von letzter Nacht sein ! " folgerte Bennie. " Es hat geregnet, und der Boden ist noch ganz weich. Wenn wir Glück haben, ist das hier ein Superbeweisstück ! Denkt an den Scheibenwerfer bei Frau Zeisch ! " Die drei Detektive holten gleich Gips von Susannes Vater und gossen die Spur aus. " Wir vergleichen jetzt diesen Abdruck mit den Reifen der Verdächtigen ! " wusste Lu. " Und als zusätzliches Indiz haben wir auch noch das hier ! " lächelte Bennie und winkte mit den Zetteln, die er von Frau Zeisch geborgt hatte.

Und sie ermittelten den Täter !

DETEKTIVE, AN DIE ARBEIT !

Jetzt ermittelst du:

1) Betrachte die Personen auf den Bildern im Text.
Was fällt dir auf ?

____

____

2) Bennie lieh sich von Frau Zeisch 3 Schriftstücke.
Vergleiche diese Schriftstücke mit dem Drohbrief !

Drohbrief	Herr Maier	Neffe Thomas	Firma R + M
Verkaufe endlich, sonst passiert was !	Ich, Frau Zeisch, verkaufe der Firma R+M gegen DM 350000 mein	Liebe Tante, viele Grüße vom Tegernsee und alles Gute zum Geburtstag !	Sehr geehrte Frau Zeisch, wir bieten Ihnen für Ihr Haus in der Ziegengasse . . . .

3) Wieso ist Neffe Thomas so erpicht auf den Hausverkauf ?

____

4) Wieso will Herr Maier, dass das Haus verkauft wird ?

____

____

5) Vergleiche auch du den Gipsabdruck mit den Reifen der Verdächtigen:

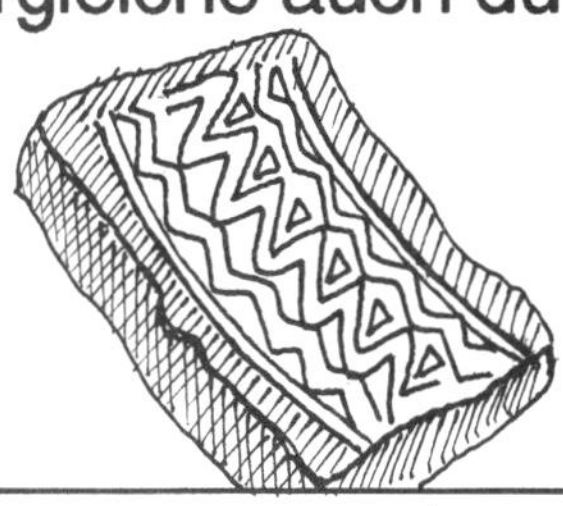

Neffe Thomas

H. Maier

Firmenwagen R+M

LÖSUNGEN

Jetzt ermittelst du:

1) Betrachte die Personen auf den Bildern im Text.
Was fällt dir auf ?

Nachbar Maier und Herr Maier von R+M sind identisch.

2) Bennie lieh sich von Frau Zeisch 2 Schriftstücke.
Vergleiche diese Schriftstücke mit dem Drohbrief !

Der Drohbrief, Herrn Maiers Schreiben und das R+M-Schreiben sind in der selben Schrift abgefasst.

Drohbrief	Herr Maier	Neffe Thomas	Firma R + M
Verkaufe endlich, sonst passiert was !	Ich, Frau Zeisch, verkaufe der Firma R+M gegen DM 350000 mein	Liebe Tante, viele Grüße vom Tegernsee und alles Gute zum Geburtstag !	Sehr geehrte Frau Zeisch, wir bieten Ihnen für Ihr Haus in der Ziegengasse . . . .

3) Wieso ist Neffe Thomas so erpicht auf den Hausverkauf ?

Er will das Geld haben.

4) Wieso will Herr Maier, dass das Haus verkauft wird ?

Seine Firma will dort Wohnanlagen bauen.

5) Vergleiche auch du den Gipsabdruck mit den Reifen der Verdächtigen:

Abdruck passt zu Herrn Maiers Autoreifen.

MINIKRIMI

Black Star gestohlen !

" Ist das ein schönes Pferd ! " schwärmte Lu und strich dabei sanft über den Kopf des Hengstes. " Wem mag der wohl gehören ? " - " Ja, ist schon komisch, " antwortete Susanne nachdenklich, " ich dachte immer, hier draußen, auf dem alten Hof, wohnt niemand mehr ! Nur drüben, im ehemaligen Gutshaus, wohnt der alte Franz, das weiß ich. Der war früher Verwalter des Anwesens und hat dort Wohnrecht auf Lebenszeit ! " Bennie mischte sich ein: " Von dem habe ich auch schon gehört. Der soll ja ein komischer, alter Kauz sein, der nie unter die Leute geht, sondern ein striktes Einsiedlerleben führt. Da ist es besser, er merkt nicht, dass wir hier, in der alten Scheune sind ! "

Es waren Pfingstferien, und die drei Freunde hatten einen Radausflug gemacht. Auf dem Nachhauseweg wurden sie von einem Unwetter überrascht, und so suchten sie Unterschlupf in der alten Scheune. Plötzlich hörten sie jetzt ein Auto vorfahren, gleich darauf laute Männerstimmen. Die Kinder kletterten eine Leiter hoch, um sich im Heuboden zu verstecken. " Puh, " keuchte Lu, " hier ist es aber stickig; ich bekomme fast keine Luft mehr ! " - " Sei still ! " zischte Bennie und packte Lu am Arm, denn er hatte bemerkt, dass das Scheunentor geöffnet wurde. Zwei dunkle Gestalten traten hindurch - deren Gesichter konnten die Kinder aber nicht erkennen, es war zu dunkel. Außerdem trugen beide breitkrempige Hüte. Lu fiel auf, dass einer der beiden beim Gehen ein komisches Geräusch verursachte - so, als zöge er etwas hinter sich nach. Nur Bruchstücke ihrer Unterhaltung konnten die Freunde verstehen, denn zu laut plätscherte der Regen auf das Dach und es donnerte immer wieder heftig." Horch, was war das ? " hörte Lu einen der Männer fragen. Die Kinder trauten sich kaum noch zu atmen vor Angst. Zum Glück klapperte in diesem Moment das Scheunentor im Wind - und die Männer waren beruhigt. Ewig kam den Mädchen und dem Jungen die Zeit vor, die sie regungslos ausharren mussten, bis die zwei Typen die Scheune wieder verließen und mit lautem Motorengeräusch davonknatterten.

" Himmel, hatte ich Angst ! " sprach Susanne und atmete tief und laut durch, nachdem sie alle die Leiter heruntergekommen waren. Lu schritt nocheinmal zum Pferd, streute ihm Hafer in den Trog und strich ihm zärtlich über den Kopf. Auf dem Nachhauseweg fragten sich die drei immer wieder: Wer war das ? Wem gehört das Pferd ? Es regnete noch ein bisschen und Lu strich sich einmal eine nasse Haarsträhne aus ihrem Gesicht - da hörte sie Bennie und Susanne laut lachen. " Was habt ihr denn ? " fragte Lu. " Ich möchte auch lachen ! " - " Dein Gesicht, " stammelte Susanne immer noch lachend, " es ist ganz schwarz ! " - " Schwarz ? " wiederholte Lu und betrachtete ihre Hände. " Komisch, " dachte sie laut, " ich muss in dem alten Schuppen irgendwo hingegriffen haben, wo frische Farbe klebte ! "

Am nächsten Morgen war Lus Onkel zu Besuch. Er wollte eigentlich zur Pferderennbahn

fahren, schaute aber zuvor bei Lus Familie nach dem Rechten. " Dürfen wir mitfahren, Onkel Peter ? " bedrängte ihn Lu. " Ich war schon ewig nicht mehr beim Pferderennen ! " - " Von mir aus, " erwiderte der Onkel, " aber: Wer ist *wir* ? " - " Bennie und Susanne natürlich ! " rief Lu. Und: " Stell dir vor, Onkel, wir hatten gestern auch eine Begegnung mit einem Pferd ! " Die drei Kinder erzählten ihm alles in Kurzform. " Eigenartig, " meinte Onkel Peter nachdenklich, " erst vor ein paar Tagen traf ich Herrn Blum. Der ist Rennpferdbesitzer. Ich kenne ihn von der Rennbahn, auf der auch seine Pferde starten. Sehr gute Rennpferde übrigens ! Er erzählte mir, dass sein bester Hengst, BLACK STAR, gestohlen wurde. Black Star war zum Glück gut versichert. Herr Blum soll nahezu pleite sein, weil er sich mit seinem neuen Gestüt wohl etwas übernommen hat. " - " Wie schaut Black Star denn aus ? Hast du ihn schon mal gesehen ? " wollte Lu wissen. " Klar doch ! " erwiderte Onkel Peter. " Ein rabenschwarzer Hengst mit einem weißen, sternförmigen Fleck auf der Stirn - daher auch sein Name. " - " Fehlanzeige, " überlegte Lu, " das Pferd, das wir sahen, war ganz schwarz ! " Onkel Peter und Lu holten bald Bennie und Susanne mit dem Auto ab. Der Onkel fragte die Kinder nach dem Weg zu dieser Scheune, da er sich das Pferd einmal anschauen wollte und sie noch Zeit hätten bis zum Rennbeginn. Als sie in den Feldweg zur Scheune einbogen, kam ihnen mit hohem Tempo ein Auto mit geschlossenem Anhänger entgegen - und sie wären beinahe in den Graben gefahren. " Puh, das war knapp ! " schnaufte Onkel Peter. " So ein Idiot ! " An der alten Scheune angekommen, lief Lu sogleich in den Stall, um Onkel Peter das schöne Pferd zu zeigen - aber: Alles war leer ! Hinter dem Gatter, wo der Hengst gestern noch angebunden war , lagen jetzt Heu - und Strohballen. " Alle Spuren verwischt , " bemerkte Bennie nachdenklich, " da ist doch was oberfaul ! " - " Ja, das glaube ich auch ! " entgegnete Lus Onkel.
Der Nachmittag auf der Rennbahn gefiel den Kindern aber trotz dieses Vorfalls recht gut - besonders, als sie der Onkel später mit in die Boxen nahm, in denen die Pferde für den Start zurecht gemacht wurden. Vor einem Gatter mit der Aufschrift " Schwarzer Blitz " blieb Onkel Peter stehen. " Ein schönes Pferd ! " meinte er und klopfte dem Tier auf den Hals. " Ja, das finde ich auch ! " sprach jemand mit tiefer Stimme hinter ihnen." Ein Gelegenheitskauf von Herrn Blum, nachdem ihm ja sein bestes Tier gestohlen wurde ! " Lu und Bennie drehten sich gleichzeitig zu dem Sprecher hin. Ein kleinwüchsiger, junger Mann mit Holzbein und Krücke stand hinter ihnen. " Servus, Charlie ! " rief ihm Onkel Peter zu. " Wie geht´s dir denn ? " - " Na, wie schon, " grantelte der Kleine, " wenn man die Rennen nicht mehr selber fahren kann. Seit meinem Unfall damals, als ich unter den Sulky kam und dabei mein Bein verlor, hat mich der Boss, Herr Blum, durchgefüttert und zum Pferdepfleger gemacht. Ich wohne sogar bei ihm ! " Dabei deutete er auf einen großen, stattlichen Mann, der sich gerade näherte. " Hallo ! " begrüßte der Neuankömmling die Anwesenden und drückte Onkel Peter die Hand. " Wer war das ? " wollte Lu wissen, als sie zur Rennbahn zurückgekehrt waren. Onkel Peter klärte sie auf: " Das waren Herr Blum, der Pferdebesitzer, und ein ehemaliger Jockey von ihm. " - " Die Stimmen von denen kamen mir irgendwie bekannt vor ! " überlegte Susanne. " Ja, mir auch ! " sprach Lu in Gedanken, während sie ihre rechte Hand betrachtete, auf der immer noch Spuren von schwarzer Farbe zu erkennen waren. " Denkt ihr dasselbe wie ich ? " mischte sich Bennie ein. Nun führten die drei mit Onkel Peter ein langes Gespräch. Anschließend fuhren die vier zur Polizei.

Weißt du warum ?

DETEKTIVE, AN DIE ARBEIT !

Du weißt Bescheid !

1) Wie viele Männer kamen in die Scheune ?

2) Lu hörte ein " komisches Geräusch " , als die Männer hereinkamen. Was war das ?

3) Wo und wobei ist Lu zur schwarzen Farbe auf ihrer Hand gekommen ?

4) Nenne die Täter und deren Motiv:

5) Was hatte das Auto, das ihnen zu Beginn des Feldweges begegnete, geladen ?

6) Welche Merkmale haben Black Star und Schwarzer Blitz gemeinsam ? Worin unterscheiden sie sich ?

7) Ein kleines Spiel:
Vier Pferde stehen am Start. Welches kommt ins Ziel ?

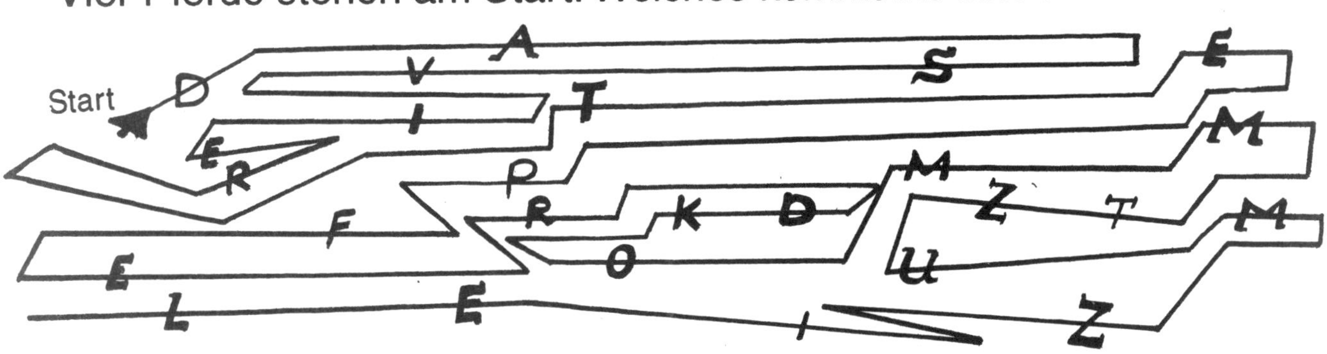

LÖSUNGEN

Du weißt Bescheid !

1) Wie viele Männer kamen in die Scheune ?

Zwei

2) Lu hörte ein " komisches Geräusch " , als die Männer hereinkamen. Was war das ?

Ein Humpeln, das Nachziehen eines Beins

3) Wo und wobei ist Lu zur schwarzen Farbe auf ihrer Hand gekommen ?

Sie streichelte den bemalten Black Star

4) Nenne die Täter und deren Motiv:

Herr Blum und sein ehemaliger Jockey: Versicherungsbetrug

5) Was hatte das Auto, das ihnen zu Beginn des Feldweges begegnete, geladen ?

Black Star

6) Welche Merkmale haben Black Star und Schwarzer Blitz gemeinsam ? Worin unterscheiden sie sich ?

Black Star ist Schwarzer Blitz; gemeinsam: die schwarze Farbe;

Stirnzeichnung ist übermalt

7) Ein kleines Spiel:
Vier Pferde stehen am Start. Welches kommt ins Ziel ?

Lösungssatz:

DAS VIERTE PFERD KOMMT ZUM ZIEL

Detektivprüfung

Scherz und Ernst

Welcher Hase springt nie ins Wasser ?

Welches Bett ist kalt und nass ?

Wenn ein Ziegenbock mit den Vorderbeinen in der Schweiz und mit den Hinterbeinen in Deutschland steht, wer darf ihn dann melken ?

Welche Zahl bleibt immer gleich, auch wenn man sie auf den Kopf stellt ?

Was ist zwischen Berg und Tal ?

Was schmeckt besser als ein Bonbon ?

Bennie und Lu suchen einen Taschendieb. Sie haben folgende Hinweise bekommen: Der Täter ist nicht weiblich, trägt keine Kopfbedeckung, sieht gut, hört gut, hat Höhenangst; seine Hose ist nicht schwarz; er liest gerne, isst gerne Süßigkeiten, trägt keinen Bart, ist sportlich, mag keine Tiere.
Hilf den beiden beim Suchen !

Welcher Hahn ruft nicht Kikeriki ?

Was kommt einmal im Monat, zweimal in einem Moment und was nie in hunderttausend Jahren vor ?

Was sind Früchte des Zorns ?

Welcher Hut passt auf keinen Kopf ?

Detektivprüfung

Scherz und Ernst

Der Angsthase

das Flussbett

Niemand: Ziegenböcke kann man nicht melken !

Das Wort *und*

die Zahl 69

2 Bonbons

Bennie und Lu suchen einen Taschendieb. Sie haben folgende Hinweise bekommen: Der Täter ist nicht weiblich, trägt keine Kopfbedeckung, sieht gut, hört gut, hat Höhenangst; seine Hose ist nicht schwarz; er liest gerne, isst gerne Süßigkeiten, trägt keinen Bart, ist sportlich, mag keine Tiere.
Hilf den beiden beim Suchen !

der Wasserhahn

das m

Ohrfeigen

der Fingerhut

INHALTSVERZEICHNIS

Inhaltsverzeichnis

INHALTSVERZEICHNIS

Begleithefte zu folgenden Jugendbüchern für die 5./6. Jahrgangsstufe.:

Herausgeberin: Brigitte Stiefenhofer
Autoren: Gersten Elisabeth, Halder Elisabeth, Hubel Gerte, Huber Gertraud, Kunstmann Ulrich, Nawar-Harder Anne, Sodeikat Andrea, Stiefenhofer Brigitte, Vogl Günter

Inhaltsverzeichnis:

Beim Leseheft „Der kleine Teufel" wurde der Aufbau so angeordnet, dass beidseitig kopiert werden kann. In der Mitte gefaltet bzw. zusammengebunden entsteht ein kleines DIN A 5 -Heftchen für die Schule.